威胁联网环境下多无人机协同控制

符小卫　高晓光　著

科学出版社
北京

内 容 简 介

无人机越来越多地应用于各种各样的军事任务中。在执行任务时，无人机面临着越来越复杂的威胁环境。威胁联网就是无人机所要面对的一种典型环境。本书系统介绍威胁联网对无人机生存率和无人机执行任务的影响，并深入分析威胁联网概念，建立准确可靠的威胁联网数学模型，设计威胁联网下的基于多步寻优搜索的无人机突防航迹在线规划方法，研究威胁联网下多无人机协同突防与攻击及协同欺骗干扰的一些控制方法。本书紧紧围绕威胁联网问题，深入分析相关概念，建立相关模型，并设计相关方法，为威胁联网下的多无人机协同控制提出了较为系统的解决方案。

本书可供无人机协同控制相关科研工作者和工程技术人员参考，也可作为高等院校无人机相关专业研究生的教学参考书。

图书在版编目(CIP)数据

威胁联网环境下多无人机协同控制/符小卫，高晓光著. —北京：科学出版社，2018. 3

ISBN 978-7-03-056882-3

Ⅰ. ①威… Ⅱ. ①符… ②高… Ⅲ. ①无人驾驶飞机-自动飞行控制-研究 Ⅳ. ①V279

中国版本图书馆 CIP 数据核字 (2018) 第 048356 号

责任编辑：李 萍 张瑞涛 / 责任校对：郭瑞芝
责任印制：张 伟 / 封面设计：陈 敬

科 学 出 版 社 出版
北京东黄城根北街 16 号
邮政编码：100717
http://www.sciencep.com

北京凌奇印刷有限责任公司 印刷

科学出版社发行 各地新华书店经销
*
2018 年 3 月第 一 版 开本：720×1000 B5
2018 年 3 月第一次印刷 印张：9 1/2
字数：200 000

POD定价： 98.00元
(如有印装质量问题，我社负责调换)

前　言

近十几年来，无人机越来越多地应用于各种各样的军事任务中。在无人机执行任务过程中，防空系统是无人机需要面临的重要威胁。随着信息化理论和网络化作战理论的发展，现代防空体系已实现网络互联，使作战区域内的众多威胁单元能够信息共享和互联互通，形成具有一定信息融合能力、综合指挥控制能力和互操作能力的一体化威胁网络，我们称之为威胁联网。威胁联网的存在基于以下两点，一方面对于无人机协同完成作战任务来说，由于防空系统已不再是孤立的节点，其对无人机的杀伤力不再是多个威胁单元的简单叠加，传统的多无人机协同控制方法已经难以保证威胁联网下无人机的生存率要求；另一方面，由于威胁之间相互有信息交流和共享，传统的多无人机协同对抗联网威胁的软/硬杀伤模式已难以保证无人机作战任务的有效完成。因此，威胁联网从多个方面对多无人机协同控制提出了新的挑战。威胁联网下的多无人机协同运用成为了研究多无人机协同控制的一个重要发展方向。

本书通过分析威胁联网对无人机生存率和无人机执行任务的影响，深入研究了威胁联网的概念，在建立威胁联网数学模型的基础上，设计了威胁联网下的无人机突防航迹在线规划方法、多无人机协同攻击联网目标方法、多无人机协同欺骗干扰控制方法，为威胁联网下的多无人机协同控制提出了较为系统的解决方案。

本书由西北工业大学符小卫副教授与高晓光教授完成，是作者多年以来从事无人机任务规划与指挥控制研究工作的部分总结。书中内容也包含了团队多名博士和硕士研究生的工作，对于他们所做出的贡献表示感谢。

由于作者水平有限，书中难免存在不足之处，敬请同行专家和读者批评指正。

作　者

2017 年 8 月

目　　录

第1章　绪　　论

本章主要阐明威胁联网的研究背景，说明无人机在威胁联网下的作战应用研究的意义及目前国内外研究现状。

1.1　研究背景及意义

1.1.1　研究背景

通信网络技术与计算机技术的发展，促使现代战争的作战方式逐步由平台作战扩展到一体化和网络化作战，敌我对抗由单元对抗向体系对抗发展。以网络为中心的作战模式成为信息化战争的主要特点。

随着信息化理论和空天一体作战理论的发展，现代防空体系早已实现网络互联，防空网已经基本具备了信息共享、探测信息互联互通和网络化火力打击的一体化指挥控制能力。对于无人机来说，防空类地面威胁不再是孤立的节点，地面威胁对无人机的杀伤力不再是多个威胁单元的简单叠加。在信息化条件下，地面防空威胁单元通过有线和无线网络组网，使作战区域内的众多威胁单元形成具有一定信息融合能力、综合指挥能力和互操作能力的一体化威胁网络，本书称之为威胁联网。

在现代战争中无人机往往充当排头兵的角色，需要在有人飞机等我方有生力量进入前，对敌方防空阵地进行渗透和打击压制，摧毁敌方重要指挥中枢，为战争赢得先机。无人机由于自身独特的优势，可以充分利用地形遮蔽等有利条件进行秘密突防，或者携带精确制导导弹或反辐射导弹隐蔽突防到敌方纵深区域，摧毁敌防空系统关键节点，从而为有人飞机任务的安全执行扫清障碍。

在现行技术条件下防空单元不再独立作战，无人机航迹规划必须充分考虑威胁联网对突防的影响。由于威胁单元的联网大大增加了敌方防御力量对无人机的对抗能力，传统的航迹规划方法难以满足当前需求，这就需要对威胁联网下的突防航迹规划进行深入研究。

1.1.2　研究意义

现代战争中，为了减少己方有人战斗机的损伤，世界上各先进国家纷纷采用无人机来进行先期防空压制和对敌方的防空系统进行第一波打击，为有人飞机的进入清除大部分障碍。在战斗初期，由于敌方地面存在完整的防空体系，且通过计算机网络技术将各个防空单元连接在一起，形成防空网，对无人机形成全方位探测和打击。

此时，传统无人机航迹规划方法中的威胁建模方法不再适用。无人机必须充分考虑到威胁的联网特性，建立符合威胁联网实际的威胁模型，才能寻找到最优的隐蔽突防路径。对威胁联网下的突防航迹规划的研究是基于现代战争发展新特点所展开的，是比较符合实际的。对威胁联网的特性，如威胁联网的 “四抗” 特性 (抗隐身特性、抗低空突防特性、抗毁/反辐射导弹特性和抗干扰特性)、威胁联网的指挥控制一体化特性、威胁联网的协同打击特性等的研究，能够改进传统航迹规划算法的威胁建模方法，使航迹规划中的威胁评估更加真实可信，从而使无人机更好地规避威胁，提高生存概率。同时，可结合低空突防的作战要求，设计满足威胁联网作战环境的实时航迹规划算法，以提高无人机在威胁联网环境下的突发事件应对能力。

1.2　国内外研究现状

1.2.1　无人机的发展现状

无人机是一种有动力、可控制、能携带多种任务设备、执行多种任务并能重复使用的无人驾驶航空器 [1]。与有人战斗机相比，无人机具有低成本、高机动、高隐身等一系列特点，在高危险环境执行任务时，能够体现出更大的优势。在军事领域，无人机获得广泛应用，其遂行的任务从单纯的空中侦察扩展到情报监视、导弹攻击、充当诱饵、电子战等，在五维一体化的战场上显示出了重要的作用 [2]。

随着科学技术的不断发展，现代战争向着 “海、地、空、天、电” 一体化方向发展，新的军事理论、军事技术与武器平台不断涌现，在信息化与协同作战技术中，无人机正成为其中翘楚，并得到飞速发展。无人机系统具有雷达反射面积小、机动灵活、自主能力强、可重回收利用等优点，在近年来发生的几场局部战争中展现出了独特的优势，其军事地位不断提高，由执行辅助任务的角色转而成为主要作战力量。可以预见，在未来高度立体化、信息化和一体化的战场上，无人机将成为军事强国空中作战的主要武器之一。

1.2.2 威胁联网研究现状

威胁联网的概念，最早是由国外的学者 Szczerba 提出 [3]，并通过建立威胁源的相互支援信息表 (threat netting cost look-up, TNCLU) 来对威胁联网进行建模。在 TNCLU 列表中，包含了威胁类型、威胁传感器和武器作用距离范围、威胁通信能力、天气条件、任务类型和任务时间等信息。这种方法的威胁代价列表的确定较难，威胁信息的量化比较复杂，容易偏离实际。

近几年来，国内陆续有学者开始研究威胁联网下的无人机路径规划，并取得了一定成果。但从目前来看，以往学者对威胁联网研究的方法大多具有一定的局限性。例如，文献 [4] 将威胁类型作为主要属性，建立了相应的威胁支援信息表，并使用 A^* 搜索算法来研究威胁联网下的无人机路径规划。采用威胁源类型为研究属性，可以很好地解决威胁联网状态下各个威胁之间通信的建模，但是由于相互支援信息表是根据实际经验离线建立的，不便于在线迅速调整，从而不能够及时、准确反映瞬息万变的战场环境对威胁联网代价的影响。

文献 [5] 将地图划分成网格，然后根据先验经验计算出网格平均威胁等级构建威胁网，并用蚁群算法进行航迹仿真。在穿越某一个或多个威胁区域后，通过更新威胁概率网格进行航迹重规划，一定程度上反映威胁联网的实时性，但其威胁变化仍然不是实时的，且对威胁联网的整体特性反映不全面。

文献 [6] 对威胁联网的体系结构进行了研究，提出距离函数的连接度概念和目标指示概念，并以雷达组网探测公式作为威胁代价函数，对威胁联网的评估有一定的改进。但是，真正意义上的威胁联网不仅仅是雷达的组网，还包括威胁单元间火力打击的网络化和一体化。

整体而言，对威胁联网的理论研究相对较少。现有文献对威胁联网的研究均停留在研究威胁联网对威胁范围和威胁代价大小的影响上，而没有对威胁联网作战效能会根据目标状态的不同而产生实时变化这一现实进行研究，即没有对威胁联网如何增强威胁作战效能的机制进行研究。

威胁联网的初期研究多是概念化的，没有战场实例可供参考。如今，随着网络技术和信息技术的发展，地面防空力量的联网作战已经开始应用于现实作战。例如俄罗斯“铠甲”防空系统就实现了不同分布层级的系统互联和对目标的多次拦截。当今一些先进国家的导弹防御系统已成为现实版的威胁联网系统。

从实际应用角度来说，可以将威胁联网看作是多传感器组网探测和防空火力协同打击的优化组合。如今，无人机的攻击手段增多，已经可以应用到电子对抗领域。因此，针对复杂的电子对抗环境对威胁联网的“四抗”特性进行分析就越加显得重要。

1.2.3 多无人机协同控制研究现状

近年来，国外开展了大量面向不同任务的多无人机协同控制和任务规划的研究项目。其中，美国在多无人机协同控制领域内的研究始终占据最前沿，在军事和民用研究领域都取得了大量研究成果，最负盛名的是自治编队混合主动控制项目 [7,8]。该项目是由美国国防部高级研究计划局领导的，对多无人机协同控制多项关键技术进行了研究，包括分布式控制结构、编队飞行控制算法、仿真模拟技术等。该项目旨在通过新的有效手段提高无人机的自主控制、智能控制和协同控制能力，来减少地面操作人员对无人机的操作控制。

除美国外，其他西方发达国家也纷纷加大了对多无人机任务规划与协同控制领域的投入。英国奎奈蒂克公司为了实现多无人机自组织作战，从智能体行为协调入手展开研究，研发了相关推理软件，并进行了多无人机协同攻击地面目标的仿真验证研究 [9,10]；澳大利亚悉尼大学的自主系统高级研究中心研究了多无人机的实际应用问题，通过小型无人机平台开展协同目标跟踪的技术验证，并进一步研究了多机协同定位、分布式滤波和目标跟踪的问题 [11]。

美国空军理工学院的 Dustin J. Nowak 研究了在对抗环境下无人机集群的自组织控制，采用部分可观马尔可夫过程建立了集群控制模型，在仿真环境 800km×800km 范围内，进行了无人机集群编队飞行和目标攻击的试验研究，集群无人机数量为 10~30 架，无人机和目标的数量比为 10:3[12]。

相比较而言，国内在多无人机协同控制领域的研究起步较晚，但经过相关研究人员的努力，也取得了一定的理论研究成果。

苏菲 [13] 在其博士论文中以多无人机协同执行对地打击，进而实现压制敌防空系统的任务为背景研究相应的任务规划方法，分析了多无人机协同执行任务和有人机引导多无人机协同执行任务两种模式下的作战全过程，建立了无人作战飞机平台模型、装备载荷模型和威胁模型，分析并设计了分布式控制体系结构。同时，研究了面向动态环境下多无人机协同对地打击的分布式在线协同航迹规划方法，提出了多无人机在线协同航迹规划算法和分布式任务协调局部优化算法。

张庆杰 [14] 在其博士论文中较为系统地研究了多智能体一致性理论，并以此为基础来设计多无人机协同控制算法。他在网络受限条件下，设计了多智能体实现平均一致性和鲁棒一致性的相关收敛条件，并进一步从数学上进行了理论证明。同时，基于多智能体一致性理论，设计了实现多无人机任务区集结的协同控制方法和多无人机协同目标观测的状态估计方法。

黄长强教授等 [15] 在“无人作战飞行器编队协同攻击轨迹规划研究”一文中研究了无人作战飞机编队对地攻击问题，在多种约束条件下建立单机的质点运动模型，根据任务的编队协同要素分析编队成员相对运动关系，将编队成员之间的安全距离代价和协同时间代价考虑在内设计了性能指标，进而建立了编队协同攻击最优控制模型。

北京航空航天大学高彬等 [16] 在“基于 RGPO 的编队 ECAVs 协同航迹欺骗”一文中利用配备有距离拖引技术的电子战飞行器 (electronic combat air vehicles, ECAVs)，对敌防空系统中的组网雷达实施电子干扰来实现假目标欺骗的目的。对于有着电子战能力的 ECAVs 在雷达组网下的协同作战策略进行了研究，分析研究了 ECAVs、雷达和假目标三者之间的耦合关系，并设计了基于动力约束的欺骗干扰航迹规划算法。

总之，面向不同任务的多无人机协同控制和任务规划方法都已有了很多成熟的算法，但是将其应用到威胁联网下的任务规划研究还比较少，而随着通信网络技术的发展以及网络中心战等新型作战理论的不断革新，对适宜威胁联网下的多无人机协同控制与任务规划方法的研究势在必行。

第 2 章　威胁联网与分析

本章对威胁联网的基本概念、基本原理和特性进行研究与分析。由单一防空威胁单元相互连接所形成的一体化威胁网络就称为威胁联网。威胁联网下的电磁对抗呈现一些新的特性，因此，本章对威胁联网的 “四抗” 特性进行了进一步的分析。

2.1　威胁联网的基本概念

2.1.1　基本概念

现代防空体系中，往往集成了多种类型的防空作战单元。在通信网络一体化技术的支撑下，不仅各个防空单元之间可以互联，而且不同防空单元内的传感器子系统和武器子系统也可以互操作。若以单一防空系统为威胁单元，则多个威胁单元互联互操作就组成一体化的威胁联网体系。威胁联网一般是指整个战场区域内各个主动威胁源 (防空作战单元) 之间通过信息交流与资源共享协同完成整个覆盖空域内的防空任务。也可以理解为，威胁单元之间通过通信链路连接，各自的制导雷达之间可以协同探测，且收集的目标信息可以共享，各自的火力打击武器可以在网络中心的指挥下协同展开拦截与攻击。

可以看出，威胁联网的技术基础就是雷达组网技术和网络化火控技术 [2]。威胁联网的传感器可以是不同频段、不同体制或不同类型的雷达，这些雷达系统在网络内形成与组网雷达类似的探测能力；而威胁联网的各类武器系统作为一体化网络资源，虽然分属于不同的威胁单元，但可以通过通信网络进行互操作。例如，在防空威胁单元的自身探测性能不足的情况下，制导武器可以通过其他威胁单元的制导雷达提供的目标信息对目标进行拦截。

通过统一的调度和协调，威胁联网具有了更好的探测性能和更强的杀伤力。这样的威胁联网对无人机的突防作战与航迹规划的影响也是巨大的。

2.1.2 基本组成

根据文献 [17] 对威胁联网的描述可知：威胁联网是多种类、多数量的防空单元在“网络中心战”[18] 作战体系下的防空网络，是以无人机突防作战为视角所提出的概念。为了描述方便，威胁联网的基本组成单元可定义如下。

(1) 威胁单元 (threat-unit，TU) 实体：由防空网络指挥通信系统、雷达探测系统和多部导弹发射架所组成的，能够对信息进行收发处理和导弹拦截控制的一个系统集成。威胁单元的组成如图 2.1 所示。

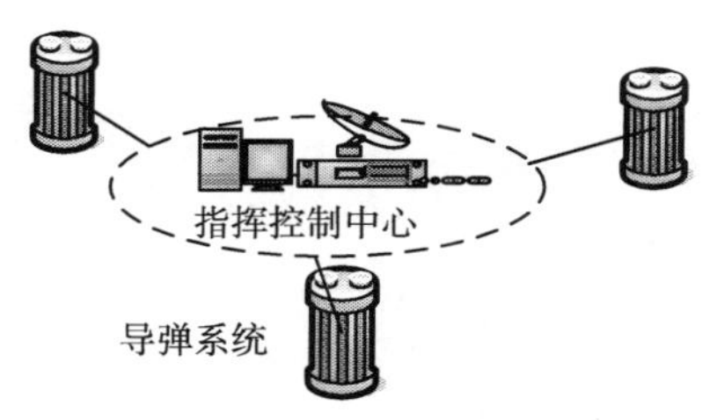

图 2.1 威胁单元的组成

(2) 通信链路 (link，L)：建立两个威胁单元间通信连接的电磁线路。因为威胁网是一个无标度网络 [19]，所以通信链路为全双工通道。用 L_{ij} 表示网络中相邻两节点 i,j 间的通信链路。

(3) 信息路由 (routing，R)：$R_{m\to n}$ 信息从源节点 m 传输到目标节点 n 经过的所有链路组成的通信路径叫做信息路由。

威胁单元实体通过相互间的通信链路实现信息共享和协同控制，多个威胁单元组网形成威胁联网。

威胁联网根据不同的战场环境和作战任务需求如作战空域配合、威胁密度要求等来灵活布站，而威胁联网的拓扑连接与威胁联网的布站情况密切相关。同时，综合考虑威胁联网的抗干扰/打击能力，以及指挥通信效率，可选择星型、线型、环型或者混合型拓扑作为威胁联网的网络拓扑结构。

2.2 威胁联网基本框架结构

2.2.1 防空威胁联网部署结构

根据要地防空对雷达的部署层级 [20]，威胁联网部署结构可以根据保护目标的重要程度等划分为多个层级。层级不同，威胁部署的密度、方向角范围、数量和网络拓扑都不相同。

图 2.2 所示为防空威胁内部武器区域配合范围，威胁联网内的防空单元如何部署，取决于战场环境、武器的作用范围、上级指挥部要求的火力密度等。防空部署体现的对抗性和众多约束条件，决定了对它的研究是一个综合多种因素、寻求最佳方案的过程。威胁部署要遵循两个原则：一是空域上各武器互相补充；二是重要位置需要加强防御，提高威胁密度。在确定各种威胁单元作用范围的情况下，可以采用图解试探的方法完成威胁单元作用域的空域衔接。

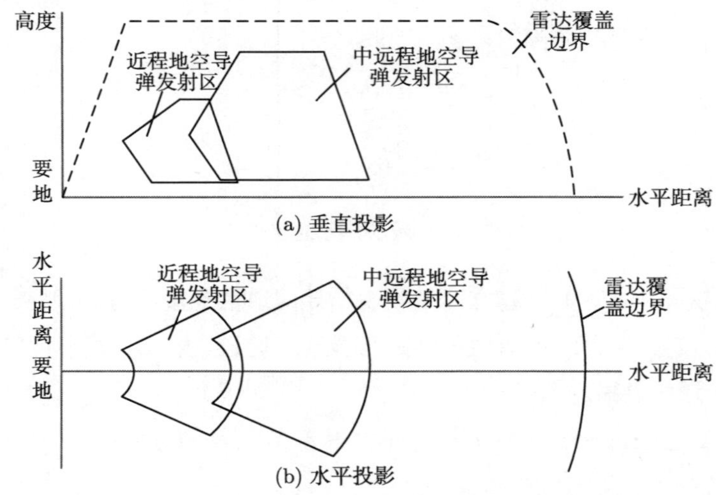

图 2.2　防空威胁内部武器区域配合范围示意图

从几何关系上可将威胁联网的配置方式分为环型配置、线型配置和区域混合型配置，如图 2.3 所示。

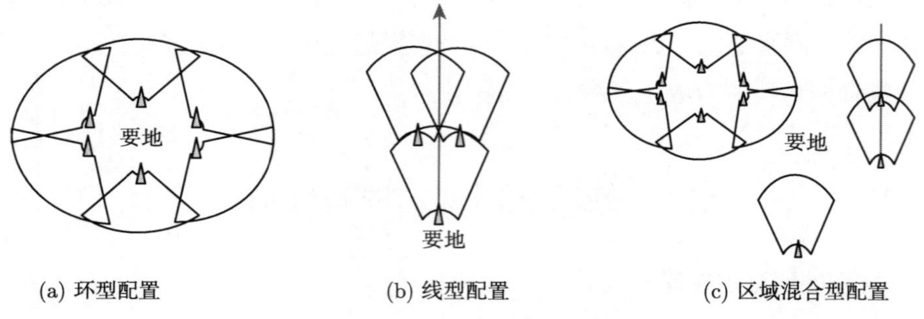

图 2.3　威胁联网三种基本配置方式示意图

当攻击目标的来袭方向不确定或者需要全方位对目标实行保护时，威胁联网的防护范围需要是全方位的，此时可以采用环型配置；当攻击目标来袭方向明确时，威胁联网只需要对一个方向进行防御，这时可采用线型配置。线型配置的优点是正面防御范围大、探测区域重叠范围广且抗干扰能力强。在广域范围内布站，一般采用区域混合型配置，将部署在防空区域内的各型威胁网 (采用线型配置或环型配置) 连接构成有机整体，形成以网络为中心的工作方式，使多个小型威胁网络可以互联互通，从而在作战区域内形成一个大型混合网络。区域混合型配置也是威胁联网最常用的配置方式。

2.2.2 威胁联网指挥控制体系结构

威胁联网的建立必须依托于作战体系的指挥控制结构，目前理论比较成熟的是基于平台中心战的集中式指挥控制结构和基于网络中心战的分布式指挥控制结构。

基于平台中心战的集中式指挥控制结构 [21](图 2.4) 是一种树状指挥结构，即层次化或分级集中管理的体系结构。这种结构的通信组织和指挥控制都比较简单，

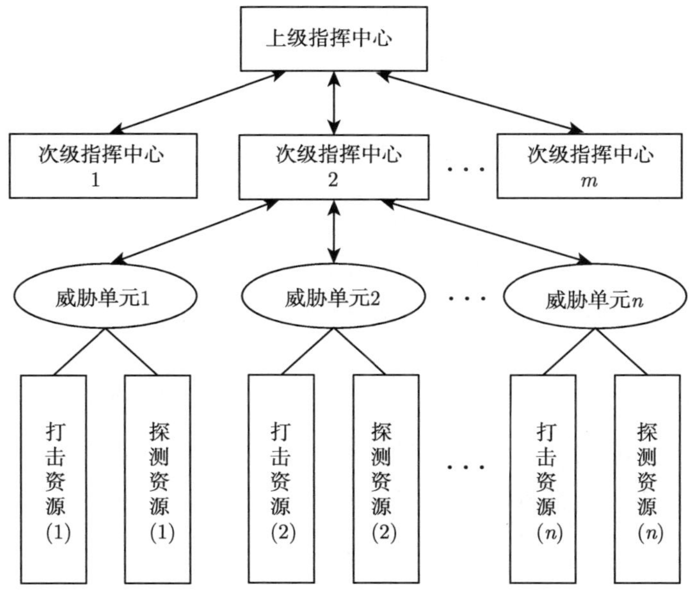

图 2.4 集中式指挥控制结构

技术复杂性很低，且易于实现。但由于集中式指挥控制结构过于依赖中心节点，大量信息集中在中心节点进行处理，造成中心节点的负担过重，或形成较大的信息传输延迟延误战机。一旦中心节点等关键威胁单元遭到敌方摧毁，系统作战性能将大大降低。因此，集中式指挥控制结构在对抗条件下系统的生存能力较差。显然，集中式的指挥控制结构以及基于平台中心战的作战方式已经越来越无法适应高技术条件下的未来战争。

基于网络中心的分布式指挥控制结构 (图 2.5) 没有固定的指挥中心，网络中心战的分布式指挥体系根据战时作战需要和战场态势，对指挥节点制定优先级，优先级高的指挥控制节点将被选为区域指挥中心节点。区域指挥中心节点可以协调各个指挥节点的工作，在当前的区域指挥中心节点被摧毁时，指挥中心又可以实时转移到新的节点上。由于其状态的可变性和位置的隐蔽性，可以称其为“虚拟”的中心，如图 2.5 虚线框所示。

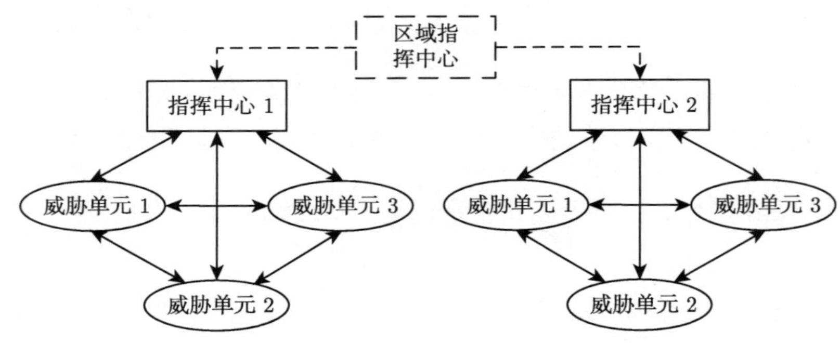

图 2.5　分布式指挥控制结构

威胁联网是防空作战体系在网络中心战的背景下提出来的概念，因此本书的威胁联网指挥控制体系结构采用基于网络中心的分布式指挥控制体系结构。在这一体系结构下，利用网络的概念，将防空体系内所有组成要素都视为网络上的一个节点，各节点之间可以有多条链路相连，各节点地位相同，处于指挥中心地位的决策节点为可变的中心节点，节点之间没有固定的隶属关系和层次关系，连通即可用，并可根据作战需求自由组合。这种作战样式具有多样性和更大的灵活性，最为重要的是网内所有节点设备可以共享信息，实现网内资源共享。

2.2.3　威胁联网的数据融合

数据融合 [22] 是将多传感器和多目标跟踪系统中的数据进行整合与处理的综

合技术。在军事领域中，数据融合定义为来自多传感器信息的检测、对准、关联、相关、识别、估计与推断在多层次、多界面上的协调处理过程，其目的是为获得精确的目标状态和属性估计，以及完整、实时的态势和威胁估计。

威胁联网对目标的探测识别是一种基于多传感器信息融合 (multi-sensor information fusion-based) 的自动目标识别技术 [23]。威胁联网的多传感器信息融合可综合网内各种不同功能与不同类型的传感器，利用传感器工作方式的互补性及其协同作用，来提高系统在动态场景中的目标识别和跟踪能力。

威胁联网中，数据融合的数据来源于多种传感器，包括雷达、红外、激光、电视和声学等不同类型传感器组网对防空区内目标的协同探测和跟踪。本书重点讨论雷达传感器。这样，威胁联网的最直接体现就是雷达组网探测和火力协同打击。威胁联网的探测网络由雷达、通信链路和融合中心组成。首先各雷达系统将其所获得的目标信息通过通信链路传输到融合中心，融合中心利用数据融合技术得到目标的融合信息，然后再将融合信息反馈给各个威胁单元。这样，即使部分雷达由于受到干扰而无法得到目标完整信息，也可以通过融合中心而获得目标的完整、准确信息。

数据融合问题是一个极其复杂的问题，可以从数据融合的层次结构研究和数据融合的体系结构研究两个方面来分析这一问题。按照融合系统中数据抽象的层次，融合可划分为三个级别：数据级融合、特征级融合和决策级融合 [24]。

数据级融合是融合中心直接对传感器的观测数据进行融合处理，然后基于融合后的结果进行特征提取和判断决策，各传感器的数据在融合前一般不进行处理或进行最低程度处理，这是最低层次的融合。数据级融合层次结构如图 2.6 所示。

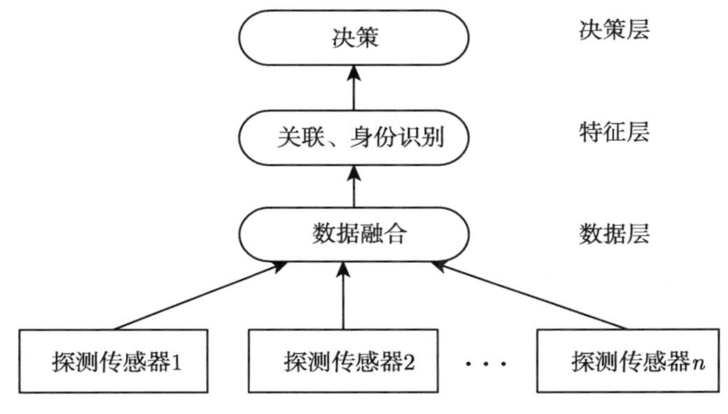

图 2.6 数据级融合层次结构

特征级融合是指首先由每个传感器抽象出自己的特征向量 (可以是目标的位置、方向和速度等信息)，然后融合中心按照特征信息对多传感器数据进行分类综合。特征级融合层次结构如图 2.7 所示。

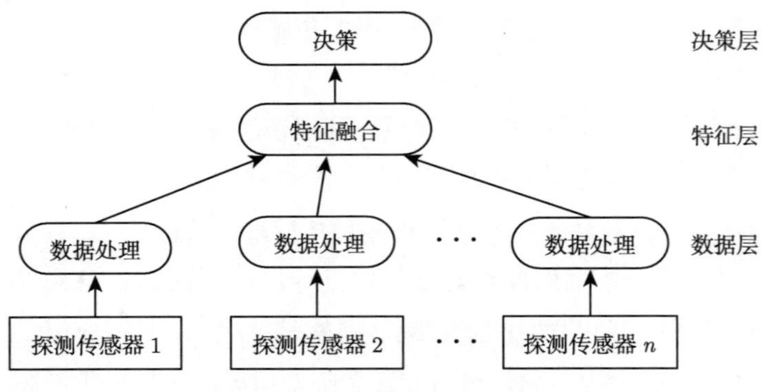

图 2.7　特征级融合层次结构

决策级融合是在决策层进行融合的方法，首先传感器处理自己接收到的数据，然后对目标进行检测分析，最后信息汇总到融合中心并使用一定的融合算法融合。决策级融合层次结构如图 2.8 所示。

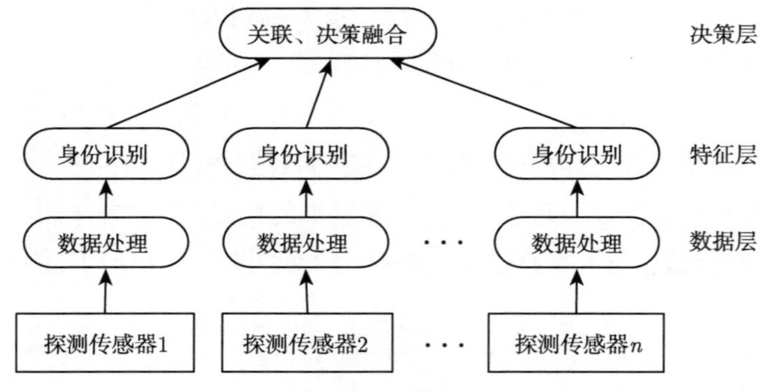

图 2.8　决策级融合层次结构

根据传感器数据在进入融合中心之前的处理程度，数据融合的体系结构一般有集中式、分布式和混合式三种 [25]。

集中式体系结构将探测器的探测信息不经过处理直接传递到融合中心进行处理，如图 2.9 所示。这种结构的优点是信息损失量小，融合精度高，系统延时小。但要求系统必须有大容量的计算能力，因此融合中心处理负担重，系统生存能力差。

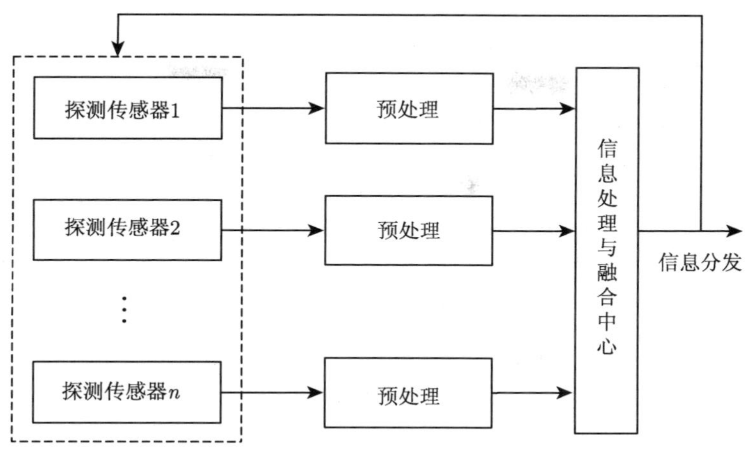

图 2.9 集中式体系结构

分布式体系结构将探测器的探测信息经过处理传递到融合中心进行处理，如图 2.10 所示。这种结构优点是明显降低了对融合中心的计算处理能力，系统具有较强的生存能力，且通信量小，但要求探测器具有独立的精度和较高的探测能力。

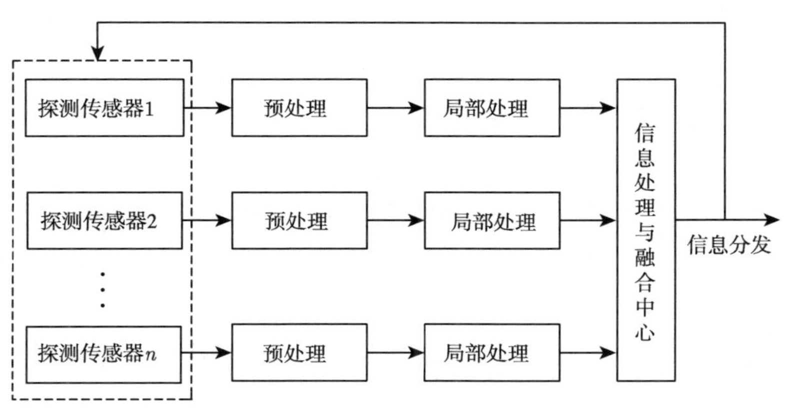

图 2.10 分布式体系结构

混合式体系结构就是集中式体系结构与分布式体系结构的结合，吸收了集中式体系结构和分布式体系结构的优点，并克服了它们的不足，但系统设计复杂，如图 2.11 所示。由于多个探测器的测量精度和数据率各不相同，为了充分利用各探测器的优点，可采用混合式结构，即探测质量较差的探测器采用集中式结构，探测质量较好的探测器采用分布式结构。

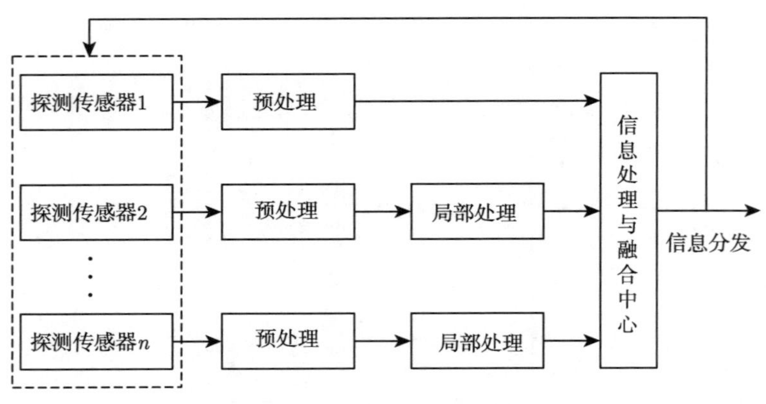

图 2.11　混合式体系结构

2.3　威胁联网作战基本原理

2.3.1　威胁联网防空对抗过程

威胁联网使用网络的概念将每个防空单元定义为一个节点，每个节点都拥有可以独立工作的传感器和防空武器，以及一个用于收发信息并指挥本节点的工作的节点指挥控制中心。节点指控中心具有从属关系，只能控制本节点的工作，但可以通过信息链路将攻击意图传递至其他节点请求协助。防御区内传感器和武器之间没有严格意义的配套关系，如通过信息融合技术，制导雷达可以在节点指控中心的控制下给临近作战单元的制导武器提供其制导范围内的制导指令。

防空威胁联网的作战基本过程主要包括探测、识别、决策、攻击和毁伤评估过程。威胁联网的防空对抗的一般工作流程如图 2.12 所示。

首先，威胁联网的传感器通过组网来探测目标，即将威胁网内的不同传感器连接成网络，以对空中目标进行联合探测。各雷达完成对目标的探测、跟踪与识别后，将目标方位与速度信息传递至区域指挥中心。区域中心节点对接收到的信息进行数据融合与决策。然后，区域中心将决策 (任务–目标分配、打击指令等) 结果发送到任务控制单元。执行打击的任务控制单元根据目标指示信息调整雷达探测方位和扫描参数等以更好地探测、跟踪目标，并根据打击指令完成自身防空武器系统的打击操作与控制。最后，完成拦截后各节点对目标毁伤结果进行毁伤评估并反馈结果信息，以帮助区域中心做出新的决策。

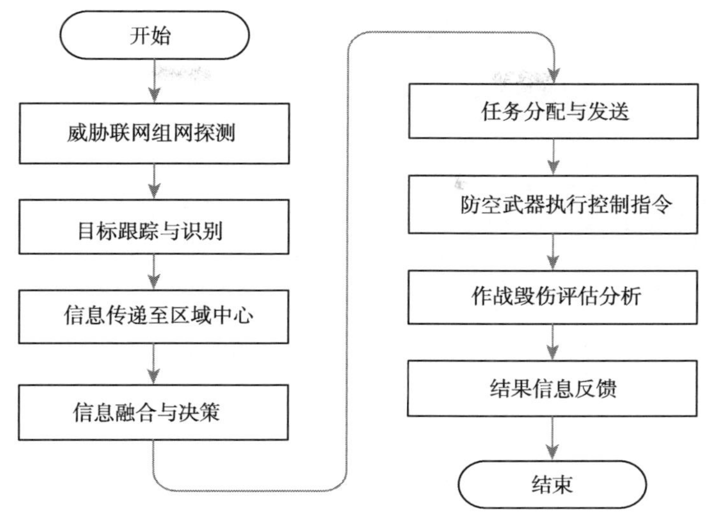

图 2.12 威胁联网的防空对抗的一般工作流程

这一过程中最基本的过程就是防空雷达对目标的跟踪与识别过程。

防空雷达目标识别的方法主要分为两类[23]：一类是基于特征量的目标识别方法，其核心内容是用特征矢量来表示目标，并按照模式识别中描述贴近程度的距离及相关性度量设计目标的分类判决器；另一类是基于成像的目标识别方法，其核心内容是各种成像算法，目标的识别过程就是对其表征图像的理解过程。

基于特征量分析的雷达目标识别通常有以下四个步骤：

(1) 从已知目标中提取特征。

(2) 对所提取的已知目标特征建立数据库。

(3) 用实际雷达信号处理器提取未知目标的特征。

(4) 将提取的未知目标特征在数据库中与已知目标进行比较，判决未知目标的类型与性质。

基于特征量分析的防空雷达目标识别系统的一般组成如图 2.13 所示。

防空雷达目标识别过程实际上是利用从雷达回波中提取各类目标特征信息之间的差异性进行目标分类。雷达目标识别要考虑三个分开但又相互间存在内在联系的子系统，即飞机散射系统、防空雷达探测器系统和特征信息处理系统，如图 2.14 所示。

(1) 飞机散射系统。主要考虑飞机目标的静态 (形状、结构和材料) 和运动 (姿态和速度) 特性对电磁波的散射特性。

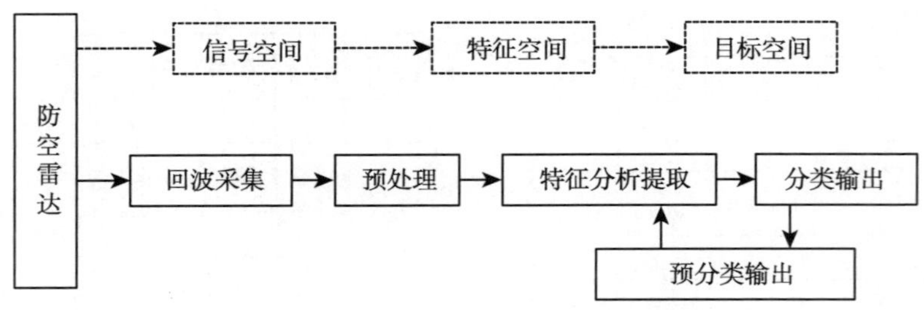

图 2.13　防空雷达目标识别系统的组成框图

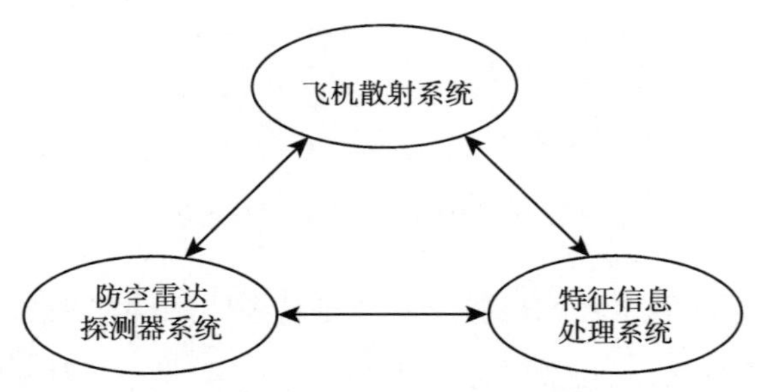

图 2.14　防空雷达识别考虑要素

(2) 防空雷达探测器系统。主要考虑防空雷达系统稳定性和雷达系统参数，如脉宽、极化、频率、天线扫描模型和波束宽度、接收机带宽及线性动态范围与信号处理能力。

(3) 特征信息处理系统。主要包括特征分析、特征提取和分类器设计。目标识别方法有多种，在实际目标识别应用中，往往需要将几种特征提取方法和模式分类方法穿插渗透，综合利用，以期达到最好的识别效果。

2.3.2　威胁联网对雷达探测的影响

雷达天线波束以一定扫描频率和扫描策略对固定空域的目标进行搜索和跟踪。雷达在扫描中探测到一个点迹，并不能判定它是一个目标回波还是由噪声产生的虚警，因此必须经过多次扫描。如果该点迹有 M 次能持续出现，才能判定目标是真实的，并从 M 个点迹的基础上建立该目标的航迹。这一过程称为目标航迹的 “起始”，只有航迹建立后才能报告探测到一个新目标。

也就是说，雷达对目标的发现概率是通过累计其单位时间内对目标多次扫描的各次瞬时探测概率得到的。

在威胁联网中，之前探测到目标的威胁单元会将目标信息传送给后续威胁单元。后续威胁单元在获得目标指示信息的情况下，由于知道了目标出现的大致方位和速度等信息，可以改变其雷达扫描和搜索方式，例如，将雷达波束的扫描搜索范围压缩到目标出现的大致方向上，从而增加在单位时间内对潜在来袭目标的扫描次数。威胁联网中目标指示信息对雷达探测的影响示意图如图 2.15 所示。

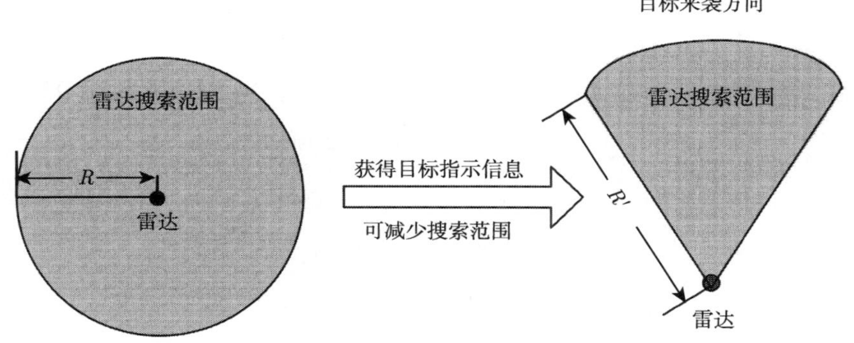

图 2.15 目标指示信息对雷达探测的影响示意图

在图 2.15 中，雷达在没有目标指示信息时，其波束的搜索为 360° 环视扫描。当雷达接收到威胁联网中传递来的目标指示信息后，由于确定了目标的大致方向，雷达可以通过缩小搜索空间，如在 60° 的特定方向上扫描。这样一来就增加了单位时间内对目标的扫描次数，从而使雷达的有效作用距离增加，对固定距离的目标发现概率增大。

2.3.3 威胁联网的火力协同技术

在网络化作战理论和信息技术对传统战争和军队组织结构的不断冲击下，为了满足信息化条件下的区域防空发展要求，各国研究人员 [26,27] 纷纷提出火控系统组网概念，使防空火控系统的体系结构向着开放式和网络化方向发展。网络化火控系统将分布在某一区域内的多种类、多数量的防空火控系统通过网络连接起来，构成一个具有模块结构、能够实时传输精确目标信息和作战指挥命令的网络，实现了各类武器单元的互联互通与打击协同。这样，当目标进入整体空域后将遭受到多次拦截，从而提高整个系统的作战能力。

在本书研究背景下，威胁联网的防空火控系统已经具备了组网作战的能力，其体系结构是基于网络化的防空火控体系结构，因此是一种网络化火控系统 [27]。

在威胁联网的网络化火控系统中，当某一时段内探测跟踪到来袭目标的威胁单元和具有最佳打击优势的威胁单元并非同一个单元时，多个威胁单元可以通过网络化的制导方式展开协同拦截与攻击。这就将分立的导弹系统组合为一个有机整体，从而使导弹系统联合杀伤力显著提高。

威胁联网中的防空导弹多采用网络制导方式 [28]。在网络制导方式下，给各防空导弹火力单元制导站、导弹加装数据链端机，打通导弹与雷达网之间的信息通道，使得导弹战斗飞行的每一段，尤其是中制导段，相关雷达对目标的探测跟踪信息都能够通过数据链发送给导弹，完成导弹的发射和网络制导，从而实现威胁联网中防空导弹系统的网络化作战。威胁联网中防空导弹的网络化制导所对应的网络拓扑结构如图 2.16 所示。

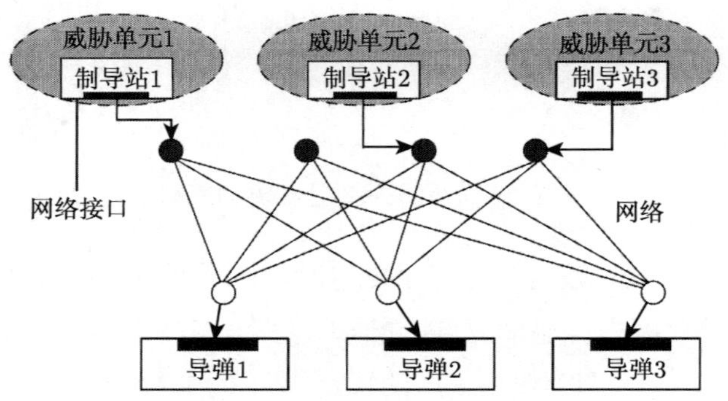

图 2.16　防空导弹网络制导拓扑结构

在网络化的火力控制下，威胁联网不仅可对闯入的飞行器进行多次拦截，而且由于网络制导可延长导弹在威胁联网区域内的制导距离，因此每个威胁联网区域内的火力杀伤度也得到了很大的提高。这样，威胁联网协同火力打击的杀伤力就不仅与单个威胁的武器系统的杀伤力有关，还与所有威胁的分布状况、不同威胁之间的协同制导效率、威胁之间的通信质量和威胁网络拓扑等有关。也就是说，若威胁联网的单个威胁杀伤力越大，威胁联网的拓扑结构与威胁布置越合理，通信网络建设越好，则整个威胁联网的杀伤力就越大。

2.4　威胁联网的电磁对抗性能

威胁联网下的电磁对抗呈现出一些新的特性。下面分析了威胁联网的“四抗”

特性：抗隐身特性、抗低空突防特性、抗毁/反辐射导弹特性和抗干扰特性。

2.4.1 抗隐身特性

雷达目标隐身是现代雷达面临的四大威胁之一。雷达目标隐身技术主要包括外形设计，吸波材料，有源、无源对消，干扰和微波传播指示技术五个方面 [29]。

隐身技术引起的雷达作用距离大大缩小，而且还由于隐身飞机 RCS 非常小，使得雷达越来越难以将隐身飞机与昆虫和鸟群区分开来。由 RCS 的减少而造成的作用距离的减小会导致一些“防空漏洞”的出现，飞行器将可以通过“防空漏洞”顺利突防。隐身飞机造成的防空网盲区如图 2.17 所示。

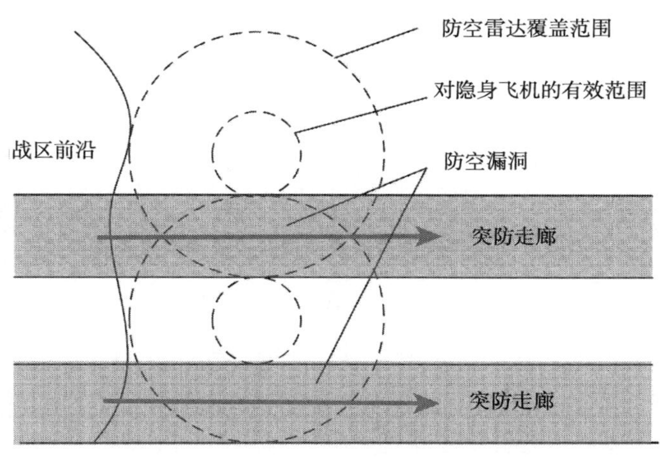

图 2.17 隐身飞机造成的防空网盲区

由于威胁联网中各防空威胁单元的雷达探测系统能够在网内实现联合目标探测，因此可以将威胁联网的雷达探测子系统看作一个独立的组网雷达探测系统。组网后的雷达凭借其地域和体制优势，集多种反隐身措施于一身，具备较强的反隐身能力。威胁联网的不同频段的多部雷达在组网后，能够克服隐身目标的频率隐身范围局限于微波频段的致命弱点，又利用了隐身飞行器对 RCS 姿态角变化敏感这一特点，因此可以抑制隐身飞行器 RCS 的明显减缩。

威胁联网的抗隐身特性可以增强对隐身飞行器的探测跟踪能力。在不同位置的雷达系统采用不同的搜索体制、不同频段和搜索方向对突防飞行器进行多角度、多方位的照射，并采用多传感器信息融合技术，就可以得到隐身飞行器完整、连续的航迹。防空威胁联网不仅扩大了防空雷达的覆盖范围，也增强了其雷达反隐身能力以及其余“三抗”能力。可从以下几个方面分析威胁联网的抗隐身能力。

从频域角度看，任何一种飞行器的频域隐身都局限于部分频段，如目前的隐身目标对 VHF/UHF 频段的米波雷达和 HF 频段的超视距雷达的隐身效果差。而威胁联网中的不同种威胁单元可以配置不同频段的雷达系统，甚至可以配置多种频段雷达以形成飞行器的全频域覆盖。

从空域角度看，隐身技术尤其是整形技术不可能使隐身飞行器 RCS 的减缩在所有方向同样有效。威胁联网的全方位布置可以使大多数威胁单元的雷达避开隐身飞行器的 RCS 明显减缩的方向，从其他方向对飞行器进行照射，使得威胁联网的抗隐身性能得到明显改善。

从极化域角度看，由于飞行器的 RCS 与雷达波的极化方向有着密切关系，同频域和空域抗隐身分析相似，隐身飞行器只可能在某一极化方向上做到 RCS 最小。

从信息融合角度看，威胁联网探测是将所有威胁单元所获得的目标信息进行信息融合处理。这样，若一个威胁单元探测发现目标飞行器，就等同于整个威胁联网都发现了隐身飞行器。威胁联网的目标检测是把威胁单元所接收的目标信号进行处理，而后判断目标存在与否。威胁联网的一个威胁检测到目标后，就可以结合其他威胁单元传递的目标指示信息对目标的特征与真实性进行验证和识别，从而极大地提高系统对隐身目标的检测概率；威胁联网将多个威胁检测到的目标轨迹信息融合后，又可以增强对隐身飞行器的探测和跟踪能力。参考雷达组网原理 [30]，对于威胁联网，同一目标由不同威胁检测，每个威胁可以得到一个判决门限值 $D_i(i=1,2,3,\cdots,n)$，其中 n 为威胁的数量。D_i 的值为

$$D_i=\begin{cases}1, & \text{第 } i \text{ 个威胁判定有目标}\\ 0, & \text{第 } i \text{ 个威胁判定无目标}\end{cases} \tag{2.1}$$

数据融合中心根据每个 D_i 的值，最终判决目标是否存在。若按照秩 1 准则，则威胁联网对目标空域的 1 次扫描检测概率为

$$P_{\text{net}}=1-\prod_{i=1}^{K}(1-P_i) \tag{2.2}$$

式中，K 为目标空域的威胁重叠系数；P_i 为第 i 个威胁的检测概率。

从式 (2.2) 可以看出，威胁联网对目标的检测概率明显高于单个威胁单元独立探测的概率，说明威胁联网对抗隐身飞行器的探测效能更好。

2.4.2 抗低空突防特性

低空、超低空突防技术是现代空袭作战中运用最普遍、突防效果最好的一种进攻战术，其利用地球曲率和地形起伏造成的遮挡与地对空防空设施的盲区作掩护，并利用防空武器所需要的调度时间等有利条件，使飞机快速隐蔽地深入敌区进行突然袭击。根据相关资料统计，飞机以超音速中高空突防时，被地面雷达发现的概率为 100%；但若从低空或超低空突防，则可降至 20% 以下 [23]。

防空系统中的中远程警戒雷达尽管采取了反固定目标回波技术，但是仍然只能够发现小部分低空飞行目标，有时甚至根本不能够发现目标，主要原因是受到地物反射干扰、地球曲率限制、地形地物遮蔽和地球多径效应等因素的制约和影响。

由于地球曲率的限制，直线传播的雷达电磁波只能在一定的视距范围内发现目标，即飞机必须高于“雷达水平线”才可能被发现。雷达探测的视距如图 2.18 所示。

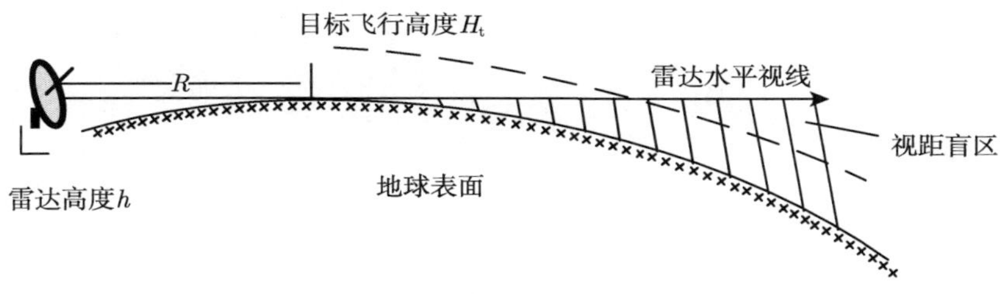

图 2.18 雷达探测的视距

图 2.18 中雷达通视距离 R、雷达天线高度 h，目标飞行高度 H_t 之间的关系为

$$R = 4.12(\sqrt{h} + \sqrt{H_t}) \tag{2.3}$$

在实际地形中，由于地形遮蔽的限制，在山峰等地物的背后形成探测盲区，为无人机的低空突防提供了隐蔽飞行区域，如图 2.19 所示。

从图 2.20 中可以看出，遮蔽角对低空目标探测距离的影响较大。威胁联网中的地面雷达天线高度较低，在复杂地形的影响下，就在雷达作用范围内形成了大量的遮蔽盲区。因此，利用地形遮蔽完成突防是现代飞行器作战常用的技术手段。

威胁联网可以通过不同位置的威胁部署完成对低空目标的多角度、多方位探测融合和打击，有效对抗低空飞行目标。

威胁联网中尽可能加入各种不同类型的探测雷达，合理布置威胁单元的位置，能有效弥补低空/超低空探测盲区。如果将具备低空补盲类雷达的威胁单元超前部署，由于威胁单元间可以互联互通，超前部署的雷达就可以将探测到的信息传递给后方威胁，增大威胁联网系统的预警时间，从而大大提高系统对抗低空突防目标的能力。

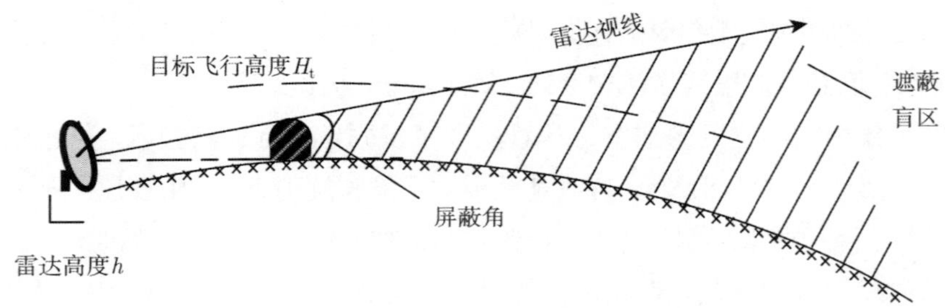

图 2.19　地形遮蔽形成低空突防走廊

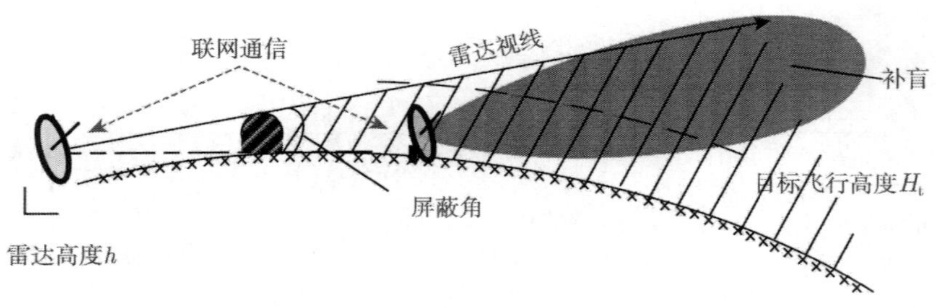

图 2.20　威胁联网对抗地形遮蔽盲区

2.4.3　抗毁/反辐射导弹攻击特性

威胁联网的探测系统凭借其在空域、时域、频域和极化域等方面的分集，使反辐射导弹的被动雷达导引头 (passive radar seeker, PRS) 面临异常复杂多变的电磁环境，加重了 PRS 对雷达信号的分选识别任务。而反辐射导弹的 PRS 的工作又不得不依赖于辐射源的电磁波，因此在威胁联网的多源探测系统面前，PRS 的打击能力大打折扣。网内探测系统轮流工作或同步工作模式干扰了 PRS 的正常工作，使其性能下降。另外，即使当部分威胁单元受到反辐射导弹 (anti-radiation missile, ARM) 攻击后，威胁联网系统凭借其资源优势，仍然能够完成作战任务。

首先，分选威胁联网探测具有空间隐蔽性。分布范围广泛是威胁联网的一大空间优势。ARM 的射程有限，跟踪可变化的辐射源的性能较差。这样，ARM 的 PRS

要在空间上完成一次对威胁联网的搜索，其耗时可想而知。

其次，威胁联网的各个威胁探测系统在指挥控制中心的协调指挥下分时工作，减少单一威胁源发射电磁波的时间，即降低威胁单元暴露的概率。

再次，威胁联网探测系统所占用的频段众多，威胁单元的雷达从米波雷达到毫米波雷达，覆盖频率范围极其广泛。网内雷达相互配合工作，有些雷达只在战时工作或者将某些频段作为战时专用频段，就极大减少了威胁单元雷达频段的暴露概率。而 ARM 的 PRS 主要依靠方位和频率搜索目标辐射源，因此威胁联网探测的频率隐蔽性较强。

最后，威胁联网所采用的雷达体制多样，信号类型丰富，其在目标空域的信号复杂性、多样性和密度明显提高，因此反辐射武器面临的电磁环境异常复杂，再加上由于受体积限制，反辐射导弹的 PRS 对信号的分选识别能力有限，威胁联网在一定程度上破坏了 ARM 攻击的侦察环节，降低了其作战效能。

除此之外，威胁联网具有信息反馈和控制功能，因此具备了重组能力。当威胁联网中的某个威胁单元遭到攻击，使部分系统遭到毁坏时，指挥控制中心可以调度其他威胁单元的闲置资源进行补充，使系统功能不至下降太快。即使威胁指挥中心单元被摧毁，由于威胁联网的指挥中心可变换，并且威胁联网的探测与打击操作可以分离，威胁联网也能最大限度地重构其 “探测–打击” 功能。

2.4.4 抗干扰特性

雷达的干扰和抗干扰是一个矛盾的两个方面。有雷达就有干扰，有干扰又必然有抗干扰。根据干扰的来源，雷达干扰可分为有源干扰和无源干扰两种 [31]，前者是利用专门的干扰设备发射电磁波所形成的干扰，它包括杂波干扰、连续波干扰和回答式干扰；后者是由某些物体反射雷达电磁波所产生的干扰，如箔条干扰。根据干扰的作用，雷达干扰又可分为压制干扰和欺骗性干扰。

对于配备了动目标检测 (moving target indication, MTI) 雷达的威胁联网，无源干扰很容易辨别并剔除，因此威胁联网受到的干扰主要来自于有源干扰：包括有源压制干扰和有源欺骗干扰。在现代雷达技术、通信网络技术和信息融合技术的推动下，威胁联网中的所有雷达组成的网络雷达系统可以集技术、战术和抗干扰于一身，具备了较强的抗干扰能力。可以从以下几个方面来分析威胁联网的抗干扰能力。

首先，由于威胁网内的雷达体制和频率多样，干扰方要实现对威胁联网的有源干扰就得实施全频域压制干扰。在干扰功率一定的前提下，只能降低发射功率密度，又导致干扰距离的降低。因此，威胁联网内通过不同频段雷达组网，稀释了干扰功率，增强了抗干扰能力。而且，威胁联网占有的频带越宽，其抗干扰功能就越强。

其次，威胁联网的各个威胁单元分散部署，空间对准是获得良好干扰效果的条件之一，因此威胁联网的空间分集使干扰方的侦察定位变得相对复杂，干扰对象的选择也会顾此失彼，某些威胁的雷达受到主瓣干扰，而其他威胁的雷达可能受到旁瓣干扰。显然，这样的干扰效果会下降。

再次，威胁联网内还具有系统隐蔽性、信号密集性、信号多样性、频段多样性和系统辨别力。由于威胁联网中的各个威胁单元可以通过轮流分时工作来完成一定的作战任务，雷达单机工作时间的减少降低了雷达的暴露概率，减少了被敌方雷达对抗侦察设备截获的概率，系统隐蔽性增强，破坏了欺骗干扰的第一个环节。威胁联网后的信号环境 (信号密集且多样) 给雷达对抗侦察设备带来了沉重的负担，使其无法对雷达信号进行分选识别，欺骗干扰变为无的放矢，那么盲目干扰的效果会很差。

最后，威胁联网的信息融合处理技术使其具有了较强的系统辨识能力，是电磁抗干扰能力的重要保障。即使网内的部分威胁单元受到干扰，威胁联网也能利用系统的信息冗余辨别出假信息，或通过综合其余威胁单元获得的信息，从而获得关于目标的完整、精确信息，显著提高威胁联网的抗欺骗干扰能力。

2.5　本 章 小 结

本章首先介绍了威胁联网的基本概念和基本组成，并且对威胁联网的体系架构和基本作战原理进行了分析。其次，阐明了威胁联网的防空对抗过程以及威胁联网对雷达探测效能的影响。再次，研究了威胁联网的网络化火控技术，以及影响威胁联网杀伤力的主要因素。最后，根据威胁联网的技术特点对威胁联网在电磁频谱空间的对抗性能与优势进行了分析，即分析了威胁联网的 “四抗” 特性。

本章完成的主要工作有以下几点：

(1) 定义了威胁联网的基本概念和基本组成。

(2) 分析了威胁联网的部署结构、指挥控制体系、信息融合与防空对抗过程等体系框架和作战原理，并对威胁联网的网络化探测和打击一体化进行了初步研究，说明了联网互操作对威胁联网作战效能的影响。

(3) 初步研究了威胁联网的抗隐身特性、抗低空突防特性、抗毁/抗反辐射导弹攻击特性和抗干扰特性。

第 3 章　威胁联网的数学模型

本章首先通过分析威胁联网作战时的信息流类型、信息传播流程和威胁联网指挥控制组织结构中的信息交互过程，建立了威胁联网的信息交互模型和威胁间的实时通信模型，并通过 NS(network simulation) 仿真验证模型的合理性。然后结合第 2 章对威胁联网的分析，给出一种目标指示概率来构建威胁联网探测模型和协同火力杀伤概率模型，最终得到威胁联网的威胁代价模型。

3.1　威胁联网信息交互性能

威胁单元之间的信息交互性能是飞行器航迹规划中影响威胁联网的威胁代价值的重要因素之一。因此，在航迹规划中，无人机对威胁联网的信息交互服务质量的评估尤为重要。

在无人机自主作战航迹规划中，如果加入 NS 等网络仿真器来对威胁联网的通信性能进行仿真评估，将引入大量的时间开销，这不利于无人机高效应对战场情况的实时变化。因此，本书通过研究威胁联网指挥控制 (command and control，C2) 组织结构中交互信息流的实时交互过程，创立一种对威胁联网通信性能进行评估的方法。

威胁联网信息交互的性能主要包含两个方面：一方面是威胁网络的可靠性；另一方面是信息交互链路的通信质量。网络可靠性与网络拓扑结构、各个威胁单元之间的连接度 [6] 等密切相关，而信息交互链路的通信质量则与信息传输的延迟率及信息传输的有效性相关。

本书提出联通度的概念来反映威胁单元之间的信息交互性能，并对联通度的概念做如下定义。

定义 1　在有效任务时间内，单元信息从发送节点正确传输到接收节点的概率与信息传输延迟不超过给定阀值的概率的加权，称为节点联通度。

两个节点之间的联通度越好，节点之间链路的信息交互质量越好，那么对应威胁单元之间的协同与信息共享度越好，其作战能力也就越高。

定义 2 收/发节点间的信息路由中，信息传输所经过中转节点次数最少的一条信息路由就为通信的最短路由。

3.1.1 信息交互层次结构

基于第 2 章中对威胁联网指挥控制体系结构和威胁联网防空作战过程的分析，虽然在实际作战中的防空系统类型、组网形式、指控层级和作战方式可能各不相同，但是在无人机航迹规划中，可归纳总结防空威胁联网的共性特点，可从威胁网 C2 组织结构出发，将威胁单元从功能上划分为四个逻辑层：执行层、决策层、信息处理层和通信链路层。威胁联网在整体上可由如图 3.1 所示的四个网络层构成。

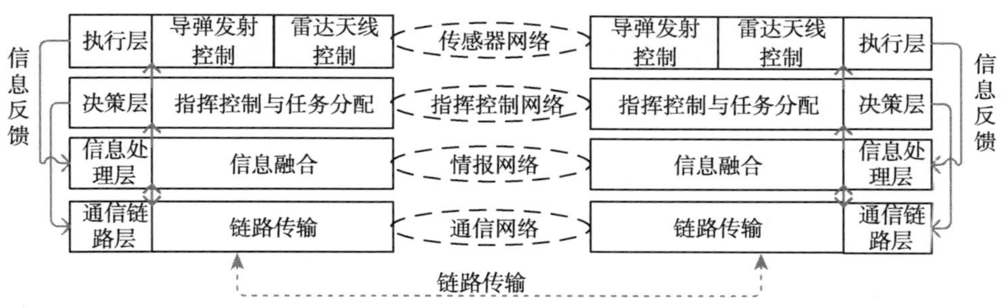

图 3.1 威胁联网的信息交互层次结构

进一步分析威胁联网的信息交互关系，从图 3.1 中可知：在执行层，传感器网络将探测到的信息与其他来源的信息在情报网进行融合；处于决策层的指挥控制网络则根据融合结果做出决策，再控制传感器网络执行决策；通信网络则负责对威胁单元间的各类交互信息进行传输控制。

基于以上分析，可将威胁联网的信息交互过程设计如下：当组网探测系统发现某一目标时，威胁联网选取对目标探测效能最优的威胁单元为临时指挥中心。这时探测到目标的威胁单元都向指挥中心传递目标信息，并让目标信息在指挥中心进行信息融合处理，然后指挥中心再将融合后的信息分发给下级威胁单元，下级威胁单元根据目标指示信息改变作战模式，以使系统的协同作战效能达到最优；同时，指挥中心根据目标状态信息做出任务分配与打击决策结果，并在相互协同的威胁单元间产生持续协作的双向指令信息，以完成整个“探测、识别、跟踪与打击”的过程。

3.1.2　信息交互类型与传输路由选择

从威胁联网的基本概念中可知，威胁联网作战包括了组网雷达探测和网络化火力协同作战，而组网探测和网络化协同打击的作战样式是灵活多变、多种多样的。因此，在威胁联网的协同作战过程中，威胁网络的信息链路中交互的信息流类型也是多种多样的。但是，根据参考文献 [32]，在本质上可将威胁联网中的信息流分为两种类型：一种是先前探测到目标的威胁单元或者区域指挥中心融合目标信息后，向后续威胁单元传输的目标指示信息流，这是一种单向传输信息流，在威胁联网通信建模中可记为 I^{g}；另一种是执行协同任务的两个威胁单元之间的协作信息流，这是一种双向传输信息流，在威胁联网通信建模中可记为 I^{c}。威胁联网中的两类信息流如图 3.2 所示。

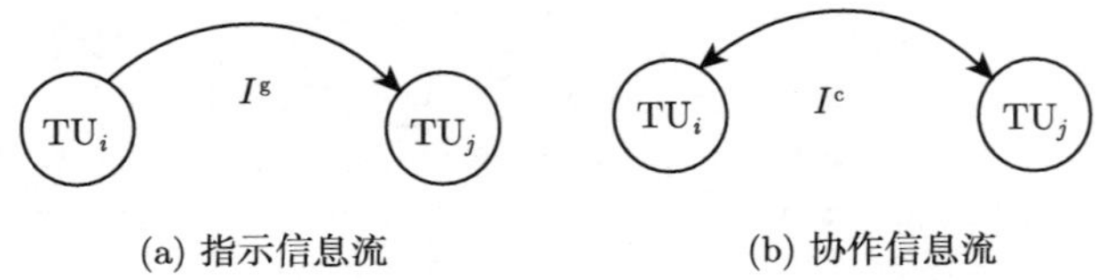

(a) 指示信息流　　(b) 协作信息流

图 3.2　威胁网中基本的信息流类型

前面分析了威胁联网 C2 组织信息交互层次结构、信息交互过程和信息流类型，为建立威胁联网的通信建模提供了理论依据。这样建立起来的威胁代价模型的优点在于：由于威胁指挥中心和威胁网络信息流状态都是随着无人机的位置变化而实时变化的，由此可最大限度地考虑到防空威胁的联网作战的实时特性，使后面对威胁联网的评估、建模不再是完全离线的过程。

另外，本书的威胁联网建模的应用背景是无人机突防作战航迹规划。由于作战的实时性要求，使得无人机对威胁联网信息交互性能的评估需要在极短的时间内完成。因此，在威胁联网网络拓扑结构一定的情况下评估威胁之间的信息交互关系时，交互信息传输的路由选择算法应具有较低的计算复杂度。这里，采用 Dijkstra 算法 [33] 作为模型中的信息路由选择算法。

计算威胁联网中的信息路由选择算法的步骤如表 3.1 所示。

如果威胁网中的节点数为 n，链路条数为 e，则表 3.1 中算法的时间复杂度为 $O(n+e)$。由此可见，表 3.1 中算法的计算复杂度较低，是能够满足计算的实时性要求的。

表 3.1 威胁联网中的信息路由选择算法

信息路由选择算法
步骤 1：初始化发送节点为根顶点 A
步骤 2：根据威胁联网拓扑结构，构建其网络拓扑图，并创建图的邻接表
步骤 3：从根节点 A 出发对图作广度优先搜索
步骤 4：如果搜索到接收消息的目的节点 B，则获得中转次数最少的信息路由；否则，返回执行步骤 3

3.2 威胁联网的通信模型

威胁联网的通信性能主要考虑两个方面：一方面是威胁网络的可靠性；另一方面是威胁联网的通信服务质量，即其通信链路的信息交互性能，这一服务质量主要考虑的是任务信息单元的传输时间损耗，传输时延越小，服务质量越好。

3.2.1 通信可靠性模型

可行的信息交互网络必须具有一定的可靠性，即使在网络中的某些节点和链路失效的情况下，也能保证网络信息交互性能满足一定的要求。

在实际作战环境下，无人机机载数据库或知识库中往往不可能具备敌方威胁联网指挥控制组织结构关系的所有相关信息，因此无人机只能在有限的信息条件下来分析评估威胁网信息交互网络的可靠性。

本书根据威胁联网的网络拓扑结构来分析威胁联网信息交互网络的可靠性，虽然具有一定的局限性，但这是在有限信息条件下可采取的最有效方法之一。

根据文献 [34] 对网络节点和链路边的连通度的定义可知：节点对之间的连通度越大，两节点断开连接的难度就越大；网络中各节点间的平均连通度越大，网络可靠性越高。由此，结合采用最大流量和最小割集定理 [34]，就可得到网络可靠性模型：

$$\mathrm{Re} = \sum_{i=1}^{D-1} \sum_{j=i+1}^{D} \frac{S(i,j)}{C_D^2} \tag{3.1}$$

式中，Re 表示信息交互网络的可靠性；D 表示网络节点数目；$S(i,j) = \min\left[d(i), d(j)\right]$ 表示节点 i 与节点 j 之间的连通度，其中 $d(i)$、$d(j)$ 分别为节点 i 的度和节点 j 的度，即网络中分别与 i 和 j 相关联的节点数量。

3.2.2 通信服务质量模型

因为信号的载体电磁波的传播速度与光速相当，所以信息在单一链路中的传播时间极短 (一般为毫秒级)，可以忽略不计。但是，在通信网络中，信息在两个节点之间传输时，往往需要经过多条链路和第三方节点的中继转发。在中继转发节点处，由于节点需要对接收到的信息进行信号的调制和解调，以及收发地址的分析处理，因此将产生一定的信息传输时延。因此，对信息的传输时间损耗影响较大的因素主要为信息传输路由的跳数和信元在信道的拥塞状况。若将信息交互网络中每秒产生的指示信息量和协作信息量分别表示为 r_{g} 和 r_{c}，则在无人机的一个任务规划周期中，威胁单元 TU_m 向威胁单元 TU_n 传输的指示信息量可表示为 $I^{\mathrm{g}}_{m\to n}$ (m, n=1,2, $\cdots$,D 且 $m\neq n$, D 为威胁联网中的威胁单元数量)，协作信息量表示为 $I^{\mathrm{c}}_{m\to n}$，其具体表达式如下：

$$\begin{cases} I^{\mathrm{g}}_{m\to n}=\displaystyle\int_0^{t_{\mathrm{g}}} r_{\mathrm{g}}\mathrm{d}t \\ I^{\mathrm{c}}_{m\to n}=\displaystyle\int_0^{t_{\mathrm{c}}} r_{\mathrm{c}}\mathrm{d}t \end{cases} \tag{3.2}$$

式中，t_{g} 为传输指示信息持续的时间；t_{c} 为传输协作信息持续的时间。

根据式 (3.3) 就可以确定在一个任务规划周期 $[0,\Delta T]$ 内，威胁单元 TU_m 与威胁单元 TU_n 之间传输的总信息量 $I_{m\to n}$ 为

$$I_{m\to n}=I^{\mathrm{g}}_{m\to n}+I^{\mathrm{c}}_{m\to n} \tag{3.3}$$

进而可获得在 $[0,\Delta T]$ 内，在威胁单元 TU_m 和威胁单元 TU_n 之间需求的信息传输速率 $V_{m\to n}$ 为

$$V_{m\to n}=\frac{I_{m\to n}}{\Delta T}=\frac{I^{\mathrm{g}}_{m\to n}+I^{\mathrm{c}}_{m\to n}}{\Delta T} \tag{3.4}$$

在威胁单元 TU_m 和威胁单元 TU_n 之间的信息传输路由选定之后，这一信息路由往往是由一系列的单一通信链路组成的，即 $L_{ij}\in R_{m\to n}(m,\ n=1,\ 2,\ \cdots,\ D$ 且 $m\neq n)$。若采用排队论对每条链路的信息传输过程进行建模和求解，依据 Kleinrock 排队理论 [35]，假设每条链路上的信息到达都是基于 $M/M/1$ 模型队列，而且忽略各条链路之间的相互影响，则链路 L_{ij} 上实际需要的信息传输速率 B_{ij} 为所有含有此链路的信息传输路由上的信息传输速率之和，即

$$B_{ij}=\sum_{m=1,n=1\text{且}m\neq n}^{D}(V_{m\to n}\cdot U^{ij}_{m\to n}) \tag{3.5}$$

式中，

$$U_{m\to n}^{ij}=\begin{cases}1, & L_{ij}\in R_{m\to n}\\ 0, & L_{ij}\notin R_{m\to n}\end{cases} \tag{3.6}$$

依据 Little 定理 [36]，在稳定状态下，存储在威胁联网 C2 组织信息交互结构中的任务信息单元量等于信息单元的平均到达率乘以这些信息单元在网络中所经历的平均时间，也就是信息在交互链路上的传输损耗时间。

由此，可获得链路 L_{ij} 上的传输延迟 T_{ij} 为

$$T_{ij}=\frac{N_{ij}}{\overline{V}}=\frac{1}{\overline{V}}\cdot\frac{B_{ij}}{C_{ij}-B_{ij}} \tag{3.7}$$

式中，N_{ij} 为链路上的平均信元等待 (拥塞) 数率；C_{ij} 为链路 L_{ij} 的容量大小；$\overline{V}$ 表示威胁联网信息交互结构中所有交互链路的信息速率之和，即

$$\overline{V}=\sum_{m=1,n=1\text{且}m\neq n}^{D}V_{m\to n} \tag{3.8}$$

综合以上分析，威胁联网中相互通信的两个威胁单元 TU_m 和 TU_n 之间的信息传输延迟 $T_{m\to n}$ 就为信息单元在其信息路由上的各条链路上传输延迟之和：

$$T_{m\to n}=\sum_{L_{ij}\in R_{m\to n}}T_{ij} \tag{3.9}$$

为了评估信息传输延迟对威胁联网信息交互性能的影响，结合式 (3.1) 的威胁联网网络可靠性模型，并对传输延迟 $T_{m\to n}$ 进行归一化处理后，可建立如式 (3.10) 所示的威胁单元联通度模型：

$$P_L(m,n)=\mathrm{Re}\cdot\frac{\tau_0}{\tau_0+T_{m\to n}} \tag{3.10}$$

式中，$P_L(m,n)$ 为节点联通度；Re 为网络可靠度；τ_0 为一个信息分组完成传输的标准时间。

无人机执行任务前，在其任务规划系统的存储设备中加入一个威胁联网联通度表格，这一表格的第 m 行第 n 列的值就为由式 (3.1)~ 式 (3.10) 所计算的威胁单元 TU_m 与 TU_n 之间的联通度值，以此表示威胁 TU_m 与威胁 TU_n 之间的通信质量。这样，当无人机在规划航迹时，只需要从威胁联网联通度表格中调用数据即可实现快速实时航迹规划。并且，通过实时更新威胁联网的联通度表格数据，就可以实现无人机规划航迹对威胁环境的动态适应。

在无人机航迹规划的过程中，威胁联网的各个威胁单元之间的联通度值并不需要时刻计算更新，而是可以采用定时或事件驱动的更新策略。即只有当威胁联网的状态发生改变、威胁指挥中心转移或达到任务的规划周期时，才重新计算或更新威胁联网联通度表格的数据。

在一般航迹规划算法结构中，威胁联网联通度表格数据更新示意图如图 3.3 所示。

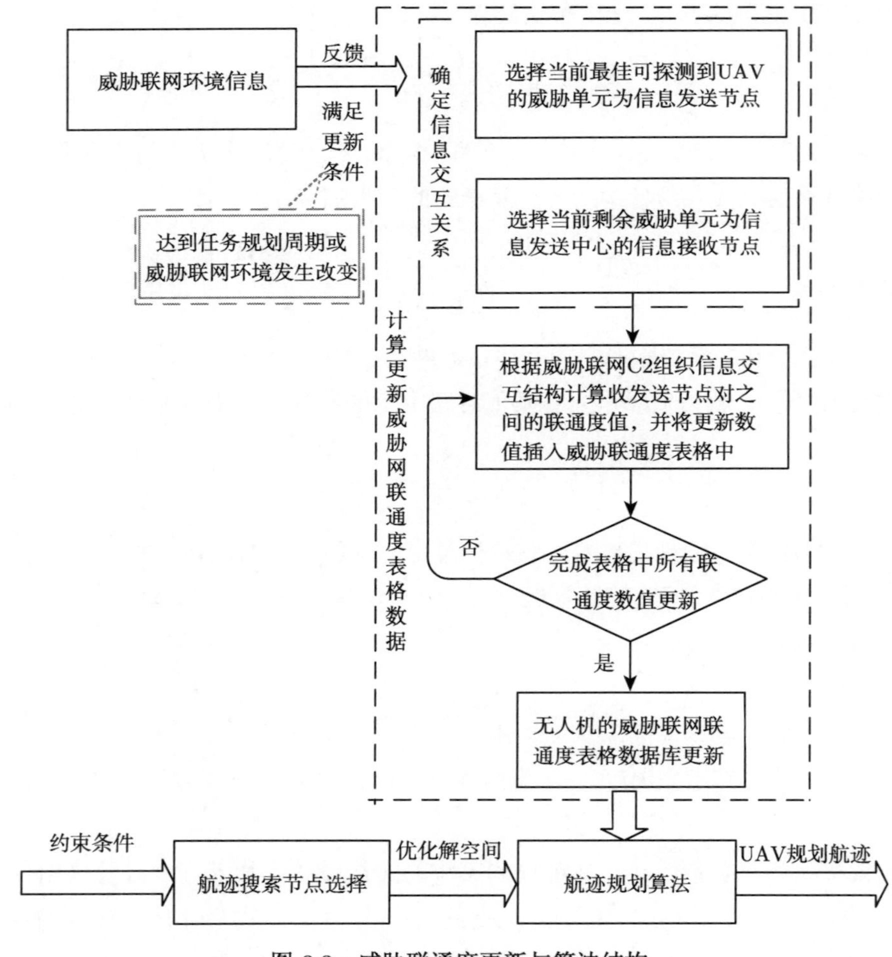

图 3.3　威胁联通度更新与算法结构

3.2.3　基于 NS2 的通信模型仿真验证

本书所建威胁联网通信性能的联通度模型是基于威胁联网的网络行为和性能

所建立的。这里，可采用 NS2(network simulation-version2) 来仿真验证前面威胁联网信息交互关系数学模型的适用性。

NS 是美国加利福尼亚大学伯克利分校开发的一个开源的网络仿真器，它能够在最大程度上模拟出真实网络的网络特性。NS2 是目前学术界广泛使用的一种网络模拟软件。在每年国内外发表的有关网络技术的学术论文中，利用 NS 给出模拟结果的文章最多，使用 NS 进行网络行为模拟和性能仿真所得到的研究结果已被学术界普遍认可。

仿真验证实验中所用的威胁联网的典型网络结构如图 3.4 所示，并且以节点 2、3 同时向节点 0 传输信息这一场景来模拟某时段的威胁联网通信事件。

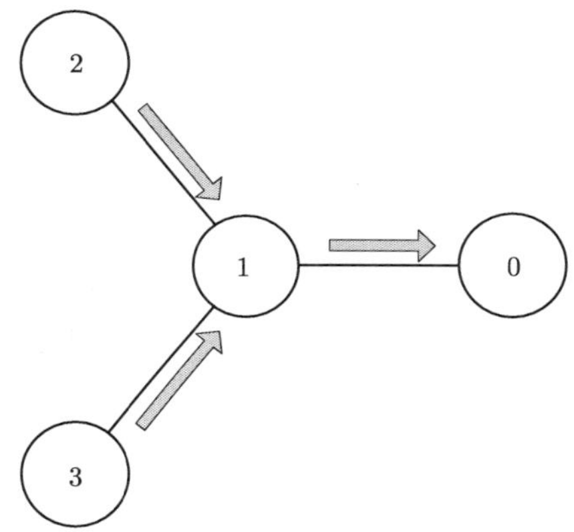

图 3.4 威胁联网中的典型网络结构

仿真验证实验中，威胁联网的网络仿真环境参数设置如表 3.2 所示。在相同的网络环境设置和参数设置下，可通过对比 NS2 仿真结果与威胁联网信息交互数学模型解算结果，来验证该数学模型在无人机航路规划中的适用性与合理性。

表 3.2 威胁联网的网络仿真环境参数

参数名称	传输持续时间/s	指示信息速率/(kb/s)	协作信息速率/(kb/s)	链路容量/(kb/s)
数值	0.3	259.0	300.0	1000.0

在上述实验设置下，通过 NS2 获得的仿真结果如图 3.5 所示。图 3.5 中横轴表示节点 2、3 向节点 0 传输信息的速率大小；纵轴表示节点 0 接收到的所有信息的平均延迟。由图中曲线可以看出，节点 0 收到的所有信息的平均延迟在网络信息传输速率小于 225kb/s 时，为 0~10ms；而在信息传输速率大于这一阀值时，开始

逐渐增加。

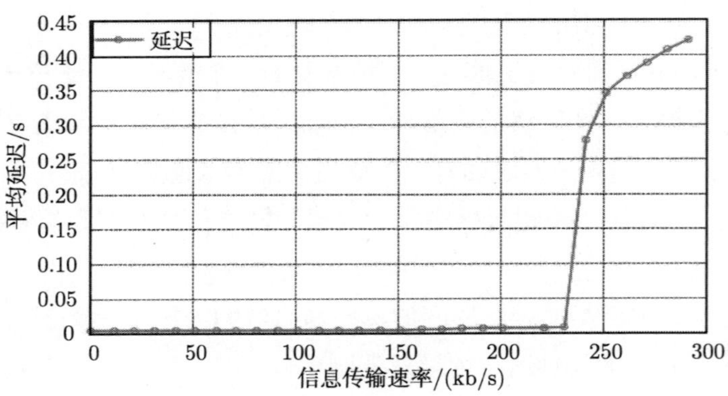

图 3.5　NS2 仿真结果

在相同网络环境中，信息产生的速率在 [0,300] 内取值，以对应的不同信息传输速率，通过式 (3.2)~ 式 (3.9) 计算节点 2、3 向节点 0 传输的所有信息的平均交互延迟。计算结果如图 3.6 所示。

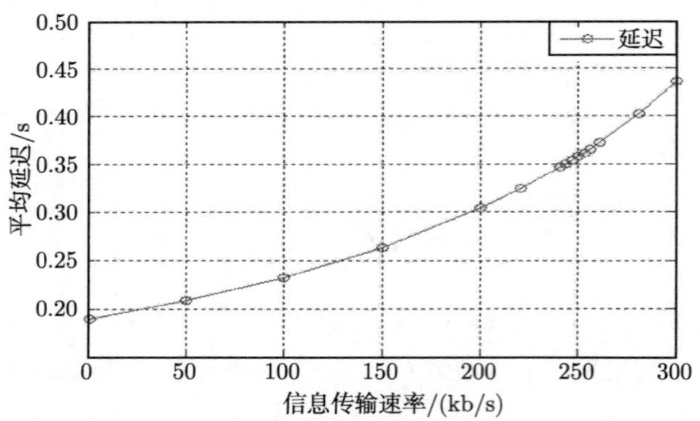

图 3.6　信息交互数学模型计算结果

对比图 3.5 和图 3.6 可以看出，在威胁联网中总的信息传输速率较大 (这一情境下，范围为 250~300kb/s) 时，通过威胁联网信息交互延迟数学模型计算求解的结果与 NS2 仿真结果基本相符：即信息交互的平均延迟都在 0.35~0.43s，且后续增长趋势基本相同；而当信息传输速率在 0~225kb/s 时，两者之间存在较大误差。但是，在无人机对抗威胁联网的实际作战过程中，威胁联网发现无人机后，为了保证能够对无人机进行持续、稳定的跟踪探测和协同拦截，威胁单元间就必然要进行大量的信息交互，这导致威胁联网中的信息产生速率通常都处于较大阶段。综合分析，可以说明本书所建的威胁网信息交互数学模型是合理的，且对无人机战场突防作战这一场景是基本适用的。

3.3 防空雷达协同探测模型

3.3.1 雷达主要战术性能指标和技术参数

目前，雷达仍然是远距离探测、定位、识别和跟踪目标最重要的一类传感器。威胁联网中使用的传感器类型可以是多种多样的，但是其主要的探测设备还是雷达探测系统。

在文献 [37] 中，给出雷达方程如下：

$$R_{\max}^4 = \frac{P_{\mathrm{av}} G A \eta \sigma n E_{\mathrm{i}}(n) F^4 \mathrm{e}^{-2\alpha R_{\max}}}{(4\pi)^2 k T_0 F_{\mathrm{n}} (B\tau) f_{\mathrm{r}} (S/N)_1 L_{\mathrm{f}} L_{\mathrm{s}}} \tag{3.11}$$

式中，$R_{\max}$ 为最大雷达作用距离；P_{av} 为平均发射机功率；G 为天线增益；A 为天线面积；η 为天线孔径效率；σ 为雷达目标散射面积 (radar cross section, RCS)；n 为累计脉冲数；$E_{\mathrm{i}}(n)$ 为累计效率；F^4 为传播因子；α 为衰减系数；$k = 1.38\times10^{-23}\mathrm{J/K}$，为波尔兹曼常数；$T_0$=290K，为标准温度；$F_{\mathrm{n}}$ 为接收机噪声系数；B 为接收机带宽；τ 为脉冲宽度；$(S/N)_1$ 为只基于单个脉冲进行检测所需要的信噪比；f_{r} 为脉冲重复频率；L_{f} 为起伏损耗；L_{s} 为系统损耗。

式 (3.11) 中的接收机噪声系数 F_{n}，是指实际接收机的噪声输出与一个具有相同增益的假定"理想"最低噪声接收机的噪声输出之比。

对于目标 RCS，可以视为目标几何面积、反射系数和方向系数这三个因素的积 [37]，即

$$\sigma = A_{\mathrm{t}} \times \eta_{\mathrm{r}} \times \eta_{\mathrm{a}} \tag{3.12}$$

式中，A_{t} 为从雷达方向看到的目标横截面积；η_{r} 为反射系数；η_{a} 为方向系数。反射系数表示目标截获雷达波之后，再辐射出去的能量比例；方向系数是目标向雷达方向散射的能量与目标向各个方向 (各向同性) 散射时的能量之比。

目标 RCS 散射示意图如图 3.7 所示，一般在飞行器的机头方向的散射较小。

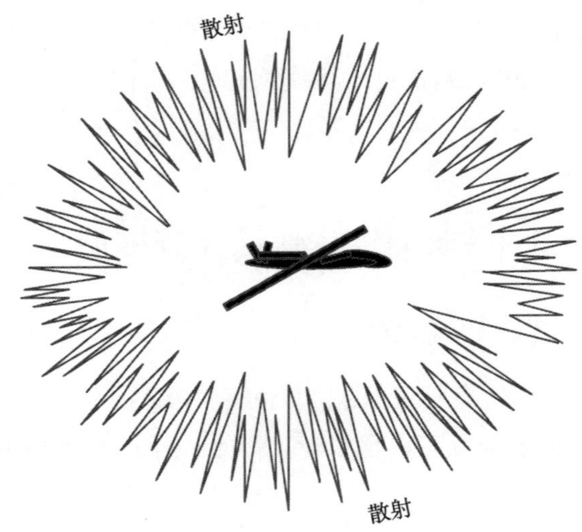

图 3.7　目标 RCS 散射示意图

在常规设计中，若忽略传播因子、大气衰减和起伏损耗，则雷达方程为

$$R_{\max}^4=\frac{E_{\mathrm{t}}GA\eta\sigma E_{\mathrm{i}}(n)}{(4\pi)^2kT_0(E/N_0)L_{\mathrm{s}}} \tag{3.13}$$

式中，E_{t} 是总的发射脉冲能量；E 是接收脉冲能量；N_0 是每单位带宽的接收机噪声功率。这个雷达方程可应用于任何一种波形雷达，只要接收时采用匹配滤波器并且正确定义能量参数就行。

3.3.2　单雷达累计发现概率模型

在有效作用范围内，用雷达探测概率 [34] 来表示雷达在某段时间内能够连续获得目标信息的可能性。其取值不但与被探测目标的 RCS 和相互间的欧几里得距离有关，而且也受到雷达本身性能的制约。

对于给定的雷达系统，当其虚警概率和检测概率确定时，目标探测概率仅与目标距离和 RCS 有关。根据目标发现概率的定义，在一段时间以内，通过累计雷达对目标的多次瞬时探测概率，就可以得到目标发现概率的值 [38]，即

$$P=\frac{1}{T}\int_{t-T}^{t}P_t\mathrm{d}t \tag{3.14}$$

式中，P 为目标发现概率；t 为当前时刻；P_t 为瞬时探测概率；T 为雷达扫描周期。

在实际的飞行器突防作战航迹规划中，当飞行器按照某一航路飞过雷达探测

区域时会遭到雷达的多次探测，而每次探测由于飞行器的 RCS、距离和方位不同，造成其探测概率也不同，如图 3.8 中的 a，b，c，d，e 等。

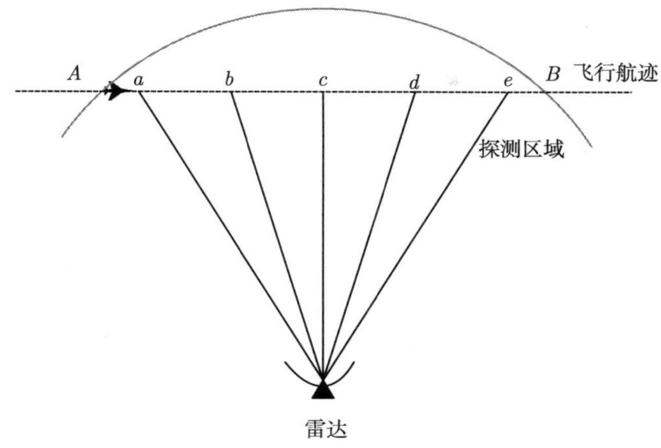

图 3.8 单雷达探测发现概率累计

航迹规划中，用传统的瞬时探测概率已经不能反映整个航路遭受探测的情况，必须把各次瞬时探测概率累计起来。将式 (3.14) 离散化处理为

$$P = 1 - \prod_{i=1}^{M}(1 - p_{\mathrm{d}i}) \tag{3.15}$$

式中，$p_{\mathrm{d}i}$ 为雷达对飞行器的第 i 次探测的瞬时探测概率；M 为探测次数，它与飞行器在雷达探测区域内的暴露时间和雷达扫描周期有关。

在各航迹点上，瞬时探测概率即为雷达一次扫描判定目标存在的概率，文献 [39] 中给出了修正后的探测概率计算模型如下：

$$P_t = 1 \Bigg/ \left[1 + \left(\frac{c_2 R^4}{\sigma}\right)^{c_1}\right] \tag{3.16}$$

式中，R 为目标距离雷达中心的距离；σ 为探测目标的 RCS 值；c_1 和 c_2 由雷达类型确定，和雷达的功率、信息处理能力以及操作设定有关。

3.3.3 威胁联网下的组网探测概率模型

本书引入修正的目标指示概率来分析威胁单元之间的信息交流对雷达探测概率的影响。文献 [6] 中定义目标指示概率为：当无人机穿过某个威胁区时，之前的威胁单元捕获到目标并向当前威胁单元成功传递目标信息 (目标方位和速度信息)

的概率。基于本书对威胁联网作战信息交互过程的建模与分析，根据威胁联网联通度值计算，提出修正的目标指示概率，使修正后的目标指示概率与发送信息的威胁单元对目标的探测概率和收发威胁单元之间的联通度紧密相关。

因此，结合式 (3.10) 将目标指示概率表示为

$$P_{\mathrm{A}} = 1 - \prod_{i=1}^{X} (1 - P(i) \cdot P_{\mathrm{L}}(i, x)) \tag{3.17}$$

式中，P_{A} 表示修正后的目标指示概率；$X(X < D)$ 为无人机已穿越的威胁区的数量；$P(i)$ 为威胁单元 TU_i 对无人机的探测概率；$P_{\mathrm{L}}(i,x)$ 为 TU_i 与 TU_x 间的联通度。为简化计算，仿真中 TU_i 仅为指挥中心节点，即只有指挥中心向其他威胁传递目标指示信息。

在目标指示信息的影响下，当前威胁单元在威胁联网下对目标的综合探测概率为 [40]

$$P_{\mathrm{SD}} = (1 - P_{\mathrm{A}}) \cdot P_{\mathrm{ZD}} + P_{\mathrm{A}} \cdot P_{\mathrm{AD}} \tag{3.18}$$

式中，P_{SD} 为威胁联网下单个威胁单元对目标的综合探测概率；P_{A} 为目标指示概率；P_{AD} 为有目标指示信息条件下的雷达探测概率；P_{ZD} 为没有目标指示信息条件下的雷达探测概率。

根据雷达工作原理 [39]，当无人机处在雷达探测范围内时，会遭到雷达的多次扫描，将多次扫描的瞬时探测概率累计，就得到雷达对目标的发现概率。根据 2.3.2 小节的分析，在目标指示信息的影响下，威胁联网中收到目标指示信息的雷达系统将能更快地完成对目标的搜索和定位，并采用更优跟踪和扫描策略，从而提高了单位时间内对目标的扫描次数。因此，可将目标指示信息对雷达的影响简单转化为雷达扫描频率的变化 (增加)。

式 (3.15) 探测概率方程可进一步改写为

$$P = 1 - \prod_{\tau=1}^{f} (1 - P_t(\tau)) \tag{3.19}$$

式中，f 为在时间段 $[0, t]$ 内雷达对目标的扫描次数；$P_t(\tau)$ 为雷达在第 τ 次探测时的瞬时探测概率。

因此，结合式 (3.19) 就可得式 (3.18) 中其余各项的具体表达式为

$$\begin{cases} P_{\mathrm{AD}} = 1 - \prod_{t=1}^{f_{\mathrm{ad}}} (1 - P_t(\tau)) \\ P_{\mathrm{ZD}} = 1 - \prod_{t=1}^{f_{\mathrm{zd}}} (1 - P_t(\tau)) \end{cases} ，其中 f_{\mathrm{ad}} \geqslant f_{\mathrm{zd}} \tag{3.20}$$

式中，f_{zd} 为无目标指示下的雷达对无人机的扫描频率；f_{ad} 为目标指示下的雷达对无人机的扫描频率，且显然 $f_{\mathrm{ad}} \geqslant f_{\mathrm{zd}}$；$P_t(\tau)$ 为雷达在第 τ 次探测时的瞬时探测概率，在一般航路规划中，可用式 (3.16) 来计算 $P_t(\tau)$。

在得到威胁联网中的单个威胁单元的探测概率后，根据雷达组网探测融合原理 [41]，设组网融合的判决门限为 1，则可得在 D 个威胁单元联网的情况下，威胁联网对目标的联合探测概率为

$$P_{\mathrm{NET}} = 1 - \prod_{x=1}^{D} (1 - P_{\mathrm{SD}}(x)) \tag{3.21}$$

式中，P_{NET} 为威胁联网探测概率；D 为威胁单元个数；$P_{\mathrm{SD}}(x)$ 表示威胁联网中第 x 个威胁单元的探测概率，由式 (3.18) 可求得。

3.4 防空火力协同杀伤概率模型

3.4.1 威胁联网协同防御模型分析

威胁联网的导弹防御采用协同防御模式 [35]，如图 3.9 所示。协同模式下的预警系统可以共享信息，因此威胁联网中协同的雷达探测系统越多，其发现概率就越高。而且，威胁联网的网络化火力协同的能力使得威胁联网中的多枚导弹可以协同拦截同一目标，可显著提高联网杀伤概率。

在本书研究背景下，无人机要通过威胁联网区域，就要经历威胁联网的多级防御，并遭受到威胁联网中导弹系统的多重拦截。无人机穿过任意一个威胁单元的流程如图 3.10 所示。

无人机经过威胁联网的预警系统以后，一种可能是无人机未被预警系统发现，因此可以安全地通过威胁联网防空区域，另一种可能是无人机被预警系统发现，会受到威胁联网的导弹防御系统拦截。最终拦截结果分三种情况：一是无人机由于系

统的导弹发射架繁忙而未被系统服务，定义其概率为 π；二是导弹发射架展开了拦截，但是无人机未被击毁；三是无人机被威胁联网系统所发射的导弹击毁。

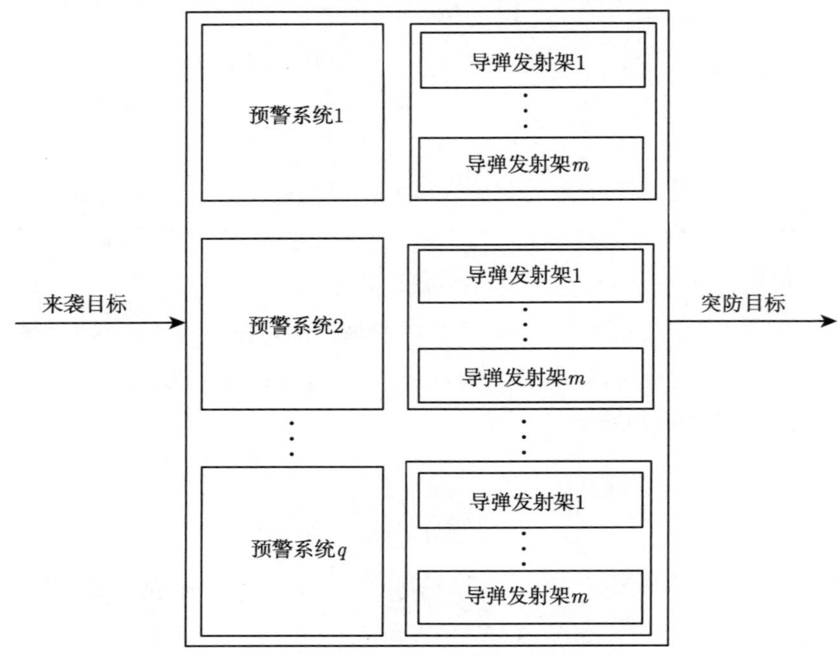

图 3.9　威胁联网的导弹系统协同防御

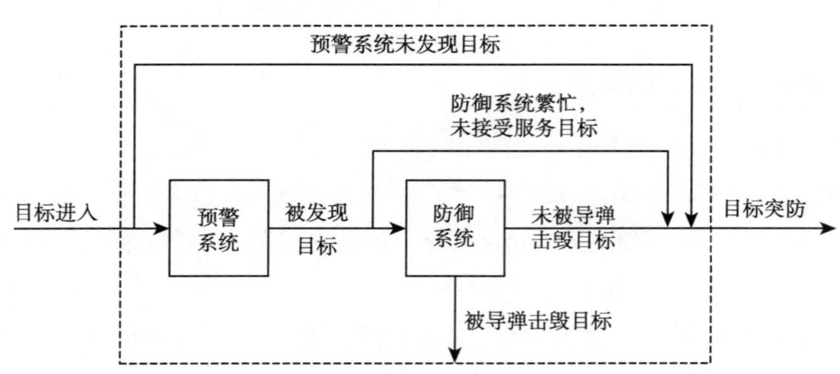

图 3.10　目标经过威胁联网区域的流程图

由此，由全概率公式就可计算无人机通过威胁联网区域的突防概率：

$$P_{\mathrm{T}} = (1 - P_{\mathrm{detect}}) + P_{\mathrm{detect}} \times [\pi + (1 - \pi)(1 - P_{\mathrm{kill}})] \tag{3.22}$$

式中，P_{T} 为无人机的突防概率；P_{kill} 为导弹协同毁伤概率；P_{detect} 为威胁联网预警系统的发现概率；π 为威胁的导弹系统由于繁忙而未拦截导弹的概率。

3.4.2 联合杀伤概率模型

根据参考文献 [42] 相关理论，威胁联网中的多套导弹系统同时拦截一个目标时的协同的毁伤概率为

$$P'_{\mathrm{k}} = 1 - (1 - P_{\mathrm{k}})^q \tag{3.23}$$

式中，P'_{k} 为协同毁伤概率；q 为威胁联网所具有的导弹发射架套数；P_{k} 为威胁联网中的单一导弹系统的杀伤概率。

由以上分析，在协同防御模式下，预警系统发现概率即为威胁联网的组网探测概率，即 $P_{\mathrm{detect}} = P_{\mathrm{NET}}$；而导弹协同毁伤概率 $P_{\mathrm{kill}} = P'_{\mathrm{k}}$。

化简式 (3.22)，并带入 P_{NET} 与 P'_{k}，可得无人机突防概率为

$$P_{\mathrm{T}} = 1 - P_{\mathrm{NET}} \times P'_{\mathrm{k}} \times (1 - \pi) \tag{3.24}$$

式中，根据文献 [43] ～ [44]，可得无人机由于威胁联网系统的导弹发射架繁忙而未被服务的概率 π 为

$$\pi = \frac{1}{m!}\left(\frac{\lambda}{\mu}\right)^m \Big/ \left[\sum_{k=0}^{m} \frac{1}{k!}\left(\frac{\lambda}{\mu}\right)^k\right] \tag{3.25}$$

3.5 威胁代价模型

综合以上分析，研究威胁联网对威胁代价的影响是威胁联网下无人机航迹规划算法的关键。在无人机航路规划中，威胁联网的威胁代价与无人机的突防概率息息相关，无人机的突防概率越大，威胁联网的威胁代价越大。因此本书中将威胁联网的代价模型定义为

$$f_{\mathrm{Th}} = 1 - P_{\mathrm{T}} = P_{\mathrm{NET}} P'_{\mathrm{k}} (1 - \pi) \tag{3.26}$$

式中，f_{Th} 为威胁代价；P_{T} 为无人机对威胁联网的突防概率；P_{NET} 为威胁联网探测概率；π 为威胁联网的导弹系统由于繁忙而未拦截导弹的概率。

3.6 本章小结

本章主要对威胁联网进行建模，重点涉及威胁联网的协同探测模型和协同杀伤概率模型的创建。首先，在威胁联网协同探测发现概率的建模与分析中，从信息交互层面分析建立了防空单元威胁联网通信模型，通过对仿真结果的分析，验证了所建威胁联网通信模型的合理性。其次，引入修正的目标指示概率模型和基于威胁联网信息交互的联通度模型，并以此来计算威胁联网探测概率。再次，在防空导弹系统协同杀伤概率的建模中，分析威胁联网的协同防御模式，对无人机通过威胁联网区域的流程进行概率分析，从而建立多架防空导弹系统的协同杀伤概率模型。最后，给出了威胁联网的威胁代价模型。

本章完成的主要工作有以下几点：

(1) 根据威胁联网的指挥控制组织结构和信息交互关系，建立了一种能反映威胁联网通信服务质量的信息交互关系数学模型。

(2) 引入了目标指示概率来分析威胁联网对雷达探测概率的影响，进而改进了威胁联网下的联合探测概率。

(3) 通过分析威胁联网火力的协同防御模式，给出了威胁联网的协同杀伤概率模型，最终给出了威胁联网的威胁代价模型。

第 4 章　威胁联网下的航迹规划

本章针对威胁联网的特点，对无人机的隐蔽突防航迹算法进行了研究分析。在航迹规划算法中加入无人机动态 RCS 模型，主要通过合理管控无人机的飞行姿态和航迹，减小飞行器的 RCS，并利用地形遮蔽，减少其被雷达截获的概率。为应对突发威胁等实时环境，本章还研究了精确制导导弹/反辐射导弹的攻击规划问题和在线重规划问题。

4.1　无人机的模型

4.1.1　无人机运动模型

无人作战飞机 (unmanned combat aircraft vehicle，UCAV) 具有一定的载弹能力，因此可以作为电子战武器，如携带反辐射导弹执行自主攻击突防任务。

攻击航迹规划过程主要考虑无人机航迹点控制，可以将无人机视为一个质点，并且不考虑风的影响。因此，采用三自由度质点模型即可满足要求：

$$\begin{cases} \dot{x} = V\cos\psi\cos\gamma \\ \dot{y} = V\sin\psi\cos\gamma \\ \dot{H} = V\sin\gamma \end{cases} \tag{4.1}$$

式中，x、y、H 分别为无人机的经度、纬度和高度；V 为无人机的速度；ψ、γ 分别为航向角和航迹倾角。

初始时刻 γ=0，其初始状态为

$$P|_{t=t_0} = (x, y, H, \psi, \gamma)|_{t=t_0} = (x_0, y_0, H_0, \psi_0, 0) \tag{4.2}$$

为了表征无人机平台受到的机动性能约束，建立如下约束模型：

$$\begin{cases} V_{\min} \leqslant V(t) \leqslant V_{\max}, \gamma_{\min} \leqslant \gamma \leqslant \gamma_{\max} \\ \left|\dot{\psi}\right| \leqslant \dot{\psi}_{\max}, |\dot{\gamma}| \leqslant \dot{\gamma}_{\max}, n_{\mathrm{d}} \leqslant n_{\max} \end{cases} \tag{4.3}$$

式中，$V_{\max}$、$V_{\min}$ 分别为速度上、下限；$\dot{\psi}_{\max}$ 为航向角最大变化率；$\dot{\gamma}_{\max}$ 为航迹倾角最大变化率；n_{d} 为无人机的过载；$n_{\max}$ 为最大过载。

由式 (4.3) 可得无人机转弯半径约束为

$$R=\Delta s/\Delta\psi\geqslant R_{\min}=V_{\min}/\dot{\psi}_{\max} \tag{4.4}$$

式中，R 为转弯半径；$R_{\min}$ 为无人机的最小转弯半径；Δs 与 $\Delta\psi$ 分别为在前一时刻和当前时刻无人机的航迹长度变化量与航向角度变化量。

4.1.2　无人机动态 RCS 模型

雷达截面减缩就是控制和降低军用目标的雷达特征，迫使敌方电子探测系统和武器平台降低其战斗效能，从而提高军用目标的突防能力和生存能力。狭义地说，雷达截面减缩就是反雷达隐身技术[45]。

减少 RCS 对反雷达探测的重要性可以从雷达距离方程式 (3.13) 中看出。例如，雷达截面积 σ 减少 20dB 和 40dB 时，雷达作用距离分别降低至 $0.316R_{\max}$ 和 $0.1R_{\max}$。

雷达反射截面积 RCS 可以定义为一个假想表面，当散射为各向同性时，该表面截获一些散射能量而形成的雷达回波与目标回波相等。准确地说，RCS 是在接收机方向上，以矢量信号的形式散射的功率密度与入射到目标上的功率密度之比的一种量度，可以表示为[46]

$$\sigma=\lim_{r\to\infty}4\pi R^2\left|\frac{\overline{E_{\mathrm{r}}}}{\overline{E_{\mathrm{i}}}}\right|^2 \tag{4.5}$$

式中，σ 为雷达发射截面积；R 为雷达与目标间的距离；$\overline{E_{\mathrm{r}}}$ 为平均反射电场强度；$\overline{E_{\mathrm{i}}}$ 为平均入射电场强度。

另外，σ 也可表示为式 (3.12) 的形式。由此可知，影响飞行器 RCS 的三个因素为：目标几何面积、反射系数和方向系数。

目标的方向系数表明：在飞行器结构固定后，在各个方向上的雷达散射截面是各不相同的。因此，本书主要研究在机身结构和材料固定的情况下，飞行器通过调整飞行姿态和飞行航迹来改变其雷达散射方向系数，从而达到调整飞行器 RCS 大小这一技术。

无人机航迹规划中，为了达到隐蔽突防的效果，常常采用低空/超低空飞行或航迹/姿态控制 (以利用飞行器前向雷达散射面积较小的特点)，来躲避或者减小被敌方雷达探测的概率。前者是主流的突防办法，利用地面杂波对雷达的影响和地形遮蔽来达到对雷达隐身的目的。同时，若在地形比较平坦且飞行最低高度受到限制时，可以合理利用飞行姿态控制来减小飞机的 RCS，又或者两者结合，以减小被敌方雷达系统发现的概率。

一般航迹规划处理中通常将 RCS 视为固定值，但在实际中这并不合理。目标 RCS 会根据雷达的照射方向不同而变化，这也正是通过姿态控制来降低飞行器的可探测性的理论依据。查阅相关文献可知，当地面雷达位置固定时，飞行器的 RCS 与飞机的俯仰角、转弯角以及相对雷达的视线角相关，即有函数关系 $\text{RCS} = \delta(\lambda, \varphi, \alpha)$。

文献 [39] 给出了飞行器 RCS 的具体计算模型为

$$\begin{cases} \delta = \dfrac{\pi a^2 b^2 c^2}{\sin^2 \lambda_e (a^2 \cos^2 \mu_e + b^2 \sin^2 \mu_e) + c^2 \cos^2 \lambda_e} \\ \lambda_e = \arccos(\cos\lambda \cos\varphi) \\ \alpha_e = \alpha - \arctan \dfrac{\tan\varphi}{\sin\lambda} \end{cases} \tag{4.6}$$

式中，λ、φ、α 分别为雷达与目标之间的视线角、俯仰角和转弯角。其中俯仰角、转弯角的具体计算式为

$$\begin{cases} \varphi = \arctan \dfrac{H}{\sqrt{x^2 + y^2}} \\ \alpha = \arctan \dfrac{\mu}{g} \end{cases} \tag{4.7}$$

式中，(x, y, H) 为目标飞行器的当前位置坐标；μ 为侧向加速度；g 为重力加速度。

4.2 规划空间的构造

在山岭地区作战，地形起伏对于威胁联网的正常工作有很大的影响，除了为无人机提供了低空突防的机会外，还是影响无人机生存概率的重要威胁。为了评估无人机在地形跟随中的撞地风险，需要对飞行区域的地形建模。可采用数字高程模型 (digital elevation model，DEM) 读取地形威胁信息，DEM 最主要的三种表示模型是：规则网格模型、等高线模型和不规则三角网格模型[47]。本书中 DEM 采用规则网格模型来表示。在规则网格模型 DEM 中，水平面坐标不在网格点上的点的高度值可以通过插值求解，对于二维数据，常用的插值方法有双线性插值、双立方 Hermite 插值和二维三次卷积插值[48] 方法。

航迹规划是根据地形和威胁等信息，综合考虑任务需求和飞行器性能等多种因素，找出从起始点到目标点飞行器生存概率最大的航迹。为避免由于突防区域较大时进行直接三维航迹搜索算法的收敛时间太长，本书引入安全曲面思想，以安全飞行曲面来确定航迹飞行高度。

4.2.1　地形数据的平滑处理及安全曲面的建立

在无人机低空突防的航迹规划中，为了安全起见，需要对无人机的最小离地高度进行限制。将 DEM 的曲面抬高一定高度后就到了无人机的安全曲面[49]。无人机具有一定几何尺寸，同时由于地形起伏，当无人机垂直高度满足要求时，其周围点的距离也可能发生碰撞或发生机体部分进入危险地区的情况，因此还要限制其横向和侧向的离地间隙，这在算法计算中是难以实现的。另外，无人机在翻越非常陡峭的山峰时，控制指令的要求可能会超过无人机的机动能力的限制。因此，需要结合无人机机动性能约束来建立无人机可飞的安全曲面。

为了保证无人机的飞行安全，无人机有一个安全离地高度 $h_{\min}$，最小离地间隙 $L_{\min}$ 和受法向过载限制的最大爬升坡度 θ，如图 4.1 所示。

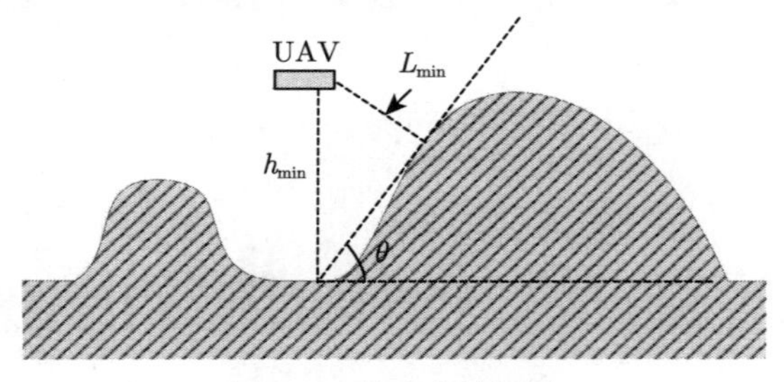

图 4.1　最小离地间隙

由此，无人机的最小离地间隙为

$$L_{\min} = h_{\min} \times \cos\theta \tag{4.8}$$

由于实际地形起伏比较复杂，为了进一步使规划出的参考航迹满足飞机性能的要求，需要对高度曲面进行平滑修正处理。平滑处理后的坡度应不大于无人机的最大爬升坡度 θ，并且所有采用航迹点的高度要抬高到无人机飞行安全区面的高度，采用下面方法进行平滑处理。

如图 4.2 所示，设 p_1，p_2 为 DEM 相邻网格对应安全曲面上的空间两点，其对

应的高度为 $h_{(x_1,y_1)}$ 和 $h_{(x_2,y_2)}$，水平距离为 d，则两点连线和地平面的夹角为

$$\theta_{12} = \tan^{-1}\frac{h_{(x_1,y_1)} - h_{(x_2,y_2)}}{d} \tag{4.9}$$

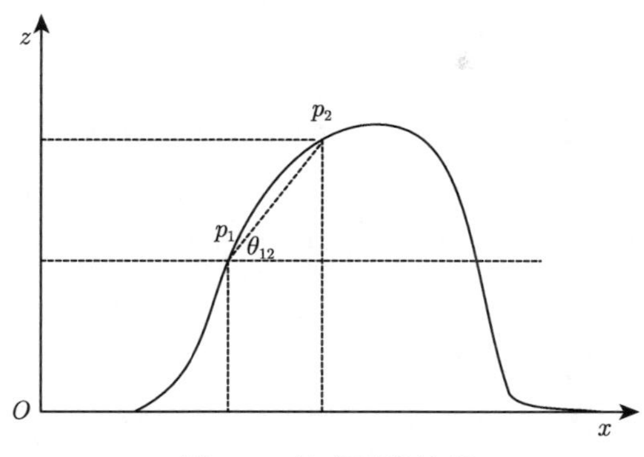

图 4.2 坡度平滑处理

如果 $\theta_{12} > \theta$，则抬高 p_1 点，使

$$h_{(x_1,y_1)} = h_{(x_2,y_2)} - d \times \tan\theta \tag{4.10}$$

如果 $\theta_{12} < -\theta$，则抬高 p_2 点，使

$$h_{(x_2,y_2)} = h_{(x_1,y_1)} - d \times \tan\theta \tag{4.11}$$

通过对 DEM 中的每一个网格点进行上述判断、运算和迭代，直到所有网格点都满足要求为止。

在满足坡度要求后，如果碰到如图 4.3 所示的两座山峰距离较近的峡谷地带，尽管地形 a 满足了坡度要求，但是转弯很陡，可能超过了无人机的法向加速度限制。若采用地形 b 的弧线飞行，在曲率满足法向加速度限制的情况下，则是较理想的飞行轨迹。

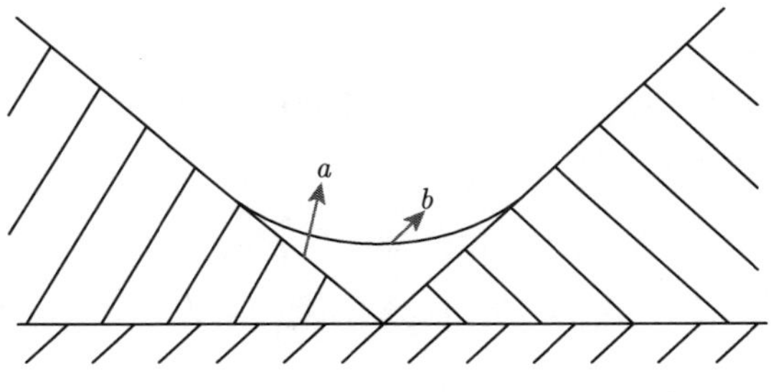

图 4.3 地形曲率限制

在垂直面内，设无人机飞行航迹的曲率限制为 ρ_z，法向过载为 n_z，则

$$\rho_z \leqslant \frac{n_z - g}{V^2} \tag{4.12}$$

式中，V 为飞行速度；g 为重力加速度。

由式 (4.12) 可知，当速度一定时，由于最大法向过载限制了中线地形曲率，当法向过载取最大值 $n_{z\max}$ 时，纵向曲率有最大值 $\rho_{z\max}$。为了使地形曲率都不大于最大曲率要求，需要对数字地形在 x 方向和 y 方向分别进行曲率限制，它们之间的原理是相同的。

对 DEM 曲率限制的算法实现，文献 [48] 和 [50] 都给出了详细的计算方法，因此可以参照其方法计算安全曲面在各个方向的曲率限制，本书不再赘述。

曲率平滑修正高度后可能使坡度角不满足要求，因此采用迭代处理来获得满足要求的最终安全飞行曲面。安全曲面平滑处理流程图如图 4.4 所示。

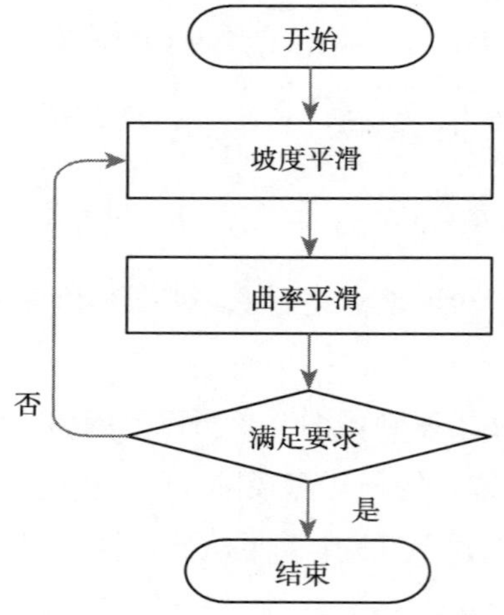

图 4.4　安全曲面平滑处理流程

通过上述分析，将安全离地高度、爬升坡度和曲率限制相结合对 DEM 进行平滑处理，即可得到无人机的安全飞行曲面。

例如，在某一地形中，选取地形预处理的无人机参数为：速度为 200m/s，最大法向过载为 $3g$，最小离地高度为 100m，最大爬升角为 30°，则计算得到的安全曲面与原始地形如图 4.5 所示。

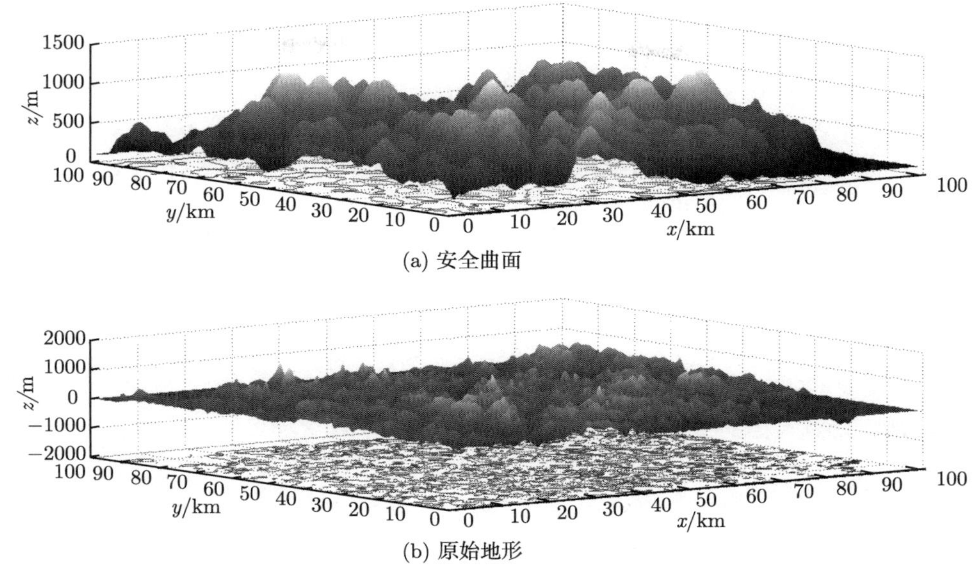

(a) 安全曲面

(b) 原始地形

图 4.5　安全曲面与原始地形示意图

4.2.2　地形遮蔽雷达盲区的计算方法

地形遮蔽雷达盲区是指雷达波在空间传播过程中被起伏的地形表面和地形障碍物遮挡，形成地面雷达在有效作用距离内不能达到的空间。

可采用地形可视性算法求取雷达作用半径范围内点的雷达盲区高度和间隙高度。该算法的原理是：设从雷达天线处引出一条射线经过某一点，代表雷达发射的电磁波，如果射线能够不受地形阻碍到达该点，说明该点不存在地形遮蔽盲区；反之，则说明存在盲区。当飞机以某一飞行高度突防时，依次计算不同的探测方向便可得到雷达地形遮蔽盲区，具体的计算步骤如下。

(1) 将栅格 DEM 转换成极坐标形式。

建立极坐标辅助计算网格的过程为：确定同心圆半径；确定分划角度；对极坐标辅助计算网格节点的高程进行插值。通过该过程可以得到雷达不同探测方位 θ 的极坐标 $P_{(\theta,k)}$ 和 DEM 的高程 $h_{(\theta,k)}$。

(2) 计算雷达射线方程。

假设目标飞机的飞行高度为 h_{f}，位置坐标为 $P_{(\theta,n)}$，雷达位置坐标为 $P_{(\theta,0)}$，高度为 h_{r}，如图 4.6 所示。

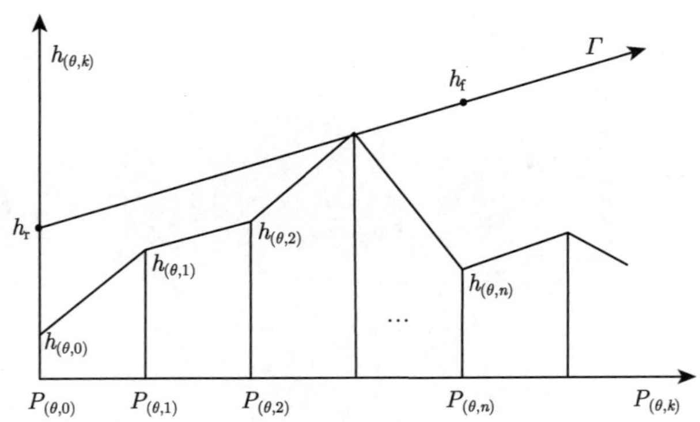

图 4.6　极坐标下地形遮蔽示意图

则雷达探测目标的射线 Γ 的方程为

$$h_{(\theta,k)} = h_{\rm f} + \frac{h_{\rm r} - h_{\rm f}}{P_{(\theta,0)} - P_{(\theta,n)}}(P_{(\theta,k)} - P_{(\theta,n)}) \tag{4.13}$$

(3) 判断目标是否在探测盲区内。

根据雷达探测目标的射线 Γ 的方程式 (4.13)，计算目标到雷达的高度角 ε_0 为

$$\varepsilon_0 = \arctan\frac{h_{\rm r} - h_{\rm f}}{P_{(\theta,0)} - P_{(\theta,n)}} \tag{4.14}$$

极坐标栅格 $P_{(\theta,k)}$ 到雷达的高低角 $\varepsilon_{P_{(\theta,k)}}$ 为

$$\varepsilon_{P_{(\theta,k)}} = \arctan\frac{h_{\rm r} - h_{(\theta,k)}}{P_{(\theta,0)} - P_{(\theta,k)}} \tag{4.15}$$

比较 ε_0 和 $\varepsilon_{P_{(\theta,k)}}$，如果 $\varepsilon_0 \leqslant \varepsilon_{P_{(\theta,k)}}$，则目标飞机处于地形遮蔽盲区内，雷达对目标的探测概率为 0；否则，目标飞机处于雷达的探测范围内，探测概率由相应雷达探测模型计算。

在无人机低空突防航迹规划中，如果要设定最小离地高度，那么雷达盲区的间隙高度小于最小离地高度的区域实际上是不能被无人机利用的。因此，将该区域滤除，就得到了有效雷达盲区。

4.2.3　规划边界约束/禁飞区模型

为了保证无人机在规定的区域内作战，将规定区域之外的区域处理为无人机不能进入的禁飞区威胁。约束条件为

$$\begin{cases} x_{\rm JF,left} \leqslant x(t) \leqslant x_{\rm JF,right} \\ y_{\rm JF,down} \leqslant y(t) \leqslant y_{\rm JF,up} \end{cases} \tag{4.16}$$

式中，$x_{\mathrm{JF,left}}$、$x_{\mathrm{JF,right}}$ 为禁飞区的 x 轴边界；$y_{\mathrm{JF,down}}$、$y_{\mathrm{JF,up}}$ 为禁飞区的 y 轴边界；$x(t),y(t)$ 为无人机可到达的区域坐标。

4.3 制导武器/反辐射导弹攻击问题

现代威胁环境呈现高密度、高重叠和高杀伤力的特点，无人机在突防过程中，可以按照主动攻击的策略实现高生存概率和高任务完成率。

4.3.1 武器可发射区模型

无人作战飞机携带的精确制导武器，需要选择合适的载机攻击方式和攻击时机以及武器发射时机，才能保证武器以一定的杀伤概率杀伤目标。

武器可发射区是指针对特定的武器系统和目标，在一定的武器发射条件下，武器能顺利进行瞄准发射的理想区域。可发射区与载机的状态、武器性能、目标特性和外界环境有关；其大小和形状受到载机所采用的攻击方式、机动特性、武器特性(射程、引信启动时间和导引制导能力)、目标探测系统的特性和安全要求等因素的限制[51]。可见，武器可发射区的真实范围是非常复杂的。

理论上导弹可发射区主要受到两个方面的约束：一个是导弹的最小允许发射距离和最大发射距离；另一个是导弹的最大观测角和最大允许离轴角以及目标指示的最大观测角。图 4.7 所示为两个约束条件下导弹的理论可发射区示意图。

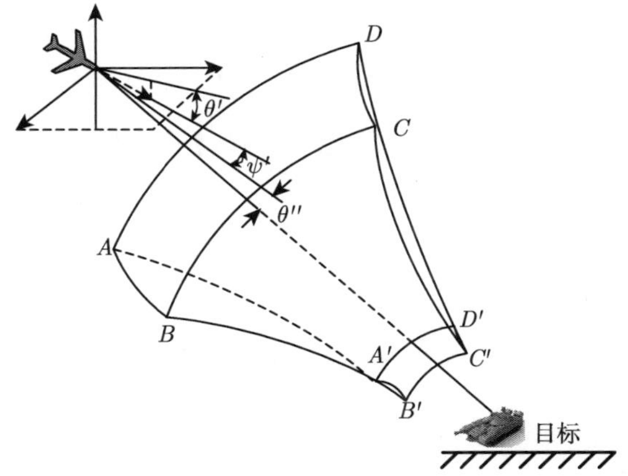

图 4.7 理论可发射区示意图

图 4.7 中的 $ABCDA'B'C'D'$ 立体空间就为到达的理论可发射区。一般情况下，目标指示的观测角大于导弹的观测角，导弹的观测角又大于最大允许离轴角，因此在一定前提下可将导弹可发射区简化为由导弹的最大发射距离、最小发射距离和导弹发射时载机相对目标所允许的偏离发射角确定。据此，可得到简化的发射区示意图，如图 4.8 所示。

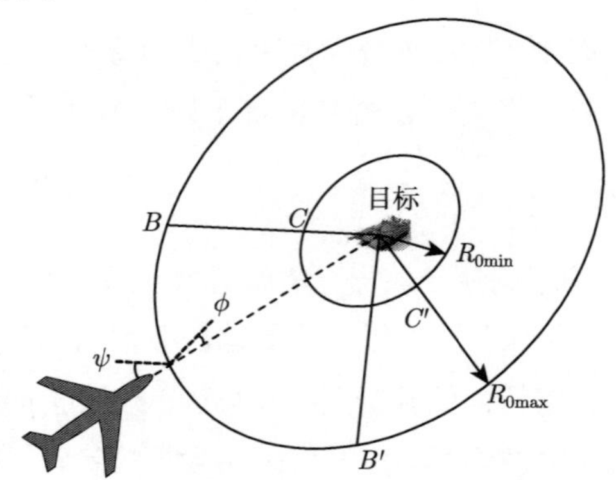

图 4.8 导弹可发射区原理简图

因此，可参考文献 [52]，由导弹的发射距离边界以及载机与目标的偏离角 (航向角和视线角的综合) 侧边界构成简化的导弹发射区模型，数学模型为

$$\left\{\begin{array}{l} R_{0\,\min}(H,V,\psi_x,\psi_{\mathrm{d}\,\max}) \\ R_{0\,\min}(H,V,\psi_x,\psi_{\mathrm{d}\,\max}) \leqslant R_0 \leqslant R_{0\,\max}(H,V,\psi_x,\psi_{\mathrm{d}\,\max}) \\ \phi_{\min}(H,V,\psi_x,\psi_{\mathrm{d}\,\max}) \\ \phi(H,V,\psi_x,\psi_{\mathrm{d}\,\max}) \leqslant \phi \leqslant \phi_{\max}(H,V,\psi_x,\psi_{\mathrm{d}\,\max}) \end{array}\right. \tag{4.17}$$

式中，$R_{0\,\max}$、$R_{0\,\min}$ 分别为可发射区最大、最小边界；ψ 为无人机偏航角，H、V 分别为其高度和速度；ϕ 为偏离角；$\phi_{\max}$、$\phi_{\min}$ 分别为偏离角的最大、最小约束；$\psi_{\mathrm{d}\,\max}$ 为制导武器的最大目标跟踪角。

在目标位置确定时，式 (4.17) 中的 $R_{\mathrm{d}\,\min}$、$R_{\mathrm{d}\,\max}$、H、V 等均为已知，此时可将无人机武器发射区模型简化为无人机攻击航迹终端状态 (x,y,ψ) 的约束不等式：

$$\left\{\begin{array}{l} R_{0\,\min}(\psi) \leqslant ||(x-x_{\mathrm{d}},y-y_{\mathrm{d}}||_2 \leqslant R_{0\,\max}(\psi) \\ \psi_{\min} \leqslant \psi \leqslant \psi_{\max} \end{array}\right. \tag{4.18}$$

式中，$(x_{\mathrm{d}},y_{\mathrm{d}})$ 为目标位置坐标。

可发射区决定了载机的可攻击区，因此下面基于可发射区研究载机的可攻击区。

4.3.2 攻击区模型

文献 [51] 中对武器攻击区进行了定义：载机可攻击区是建立在武器可发射区的基础上，它是指在某个描述机载武器系统相对于地面目标的位置的集合空间内，综合考虑载机的机动可能性、对地面目标进行稳定信息接触 (目标指示) 与跟踪的可能性、完成瞄准的可能性、载机安全的可能性等因素下，载机能够与目标第一次接近直接进入可发射区，那么该几何空间称为该武器在该载机飞行状态下的可攻击区。

由此可知，可攻击区与载机的飞行状态、飞行特性和武器系统性能等都有关系，是一个极其复杂的问题，本书不作重点讨论。

4.3.3 自主攻击决策问题

在无人机自主作战航迹规划过程中，由于情报的缺失与战场态势的瞬息万变，无人机随时可能遇到事先未知或临时出现的突发威胁。在威胁联网情况下，突发威胁可能极大地改变战场威胁态势，如在极短的时间内形成一个高危险区域。并且由于其出现的突然性，无人机在发现突发威胁时，可能已经被威胁联网所截获，从而无法及时、安全地规避威胁。因此，无人机需要具有一定的自主攻击决策能力。结合式 (4.18) 的攻击区约束条件，用下式的攻击策略对威胁网中的关键威胁单元进行打击：

$$\begin{cases} \text{攻击}, & \text{毁伤概率连续大于 } 0.5 \text{ 的时间} \geqslant T \\ \text{不攻击}, & \text{毁伤概率连续大于 } 0.5 \text{ 的时间} < T \end{cases} \tag{4.19}$$

式中，T 为攻击门限时间。

4.4 航路规划算法

无人机航迹规划已经有很多成熟的算法。航迹规划就是在约束条件下，获得从起点到终点的最优飞行航迹，这属于有约束的非线性优化问题。

$$\begin{cases} \min f(x) \\ \text{s.t.} x \in S \end{cases} \tag{4.20}$$

式中，$f(x)$ 为目标函数，$x=(x_1,x_2,x_3,\cdots,x_n)^{\mathrm{T}}\in R$ 为决策变量；$S\subseteq R^n$ 为约束集或可行域，一般包含了等式约束和不等式约束。

4.4.1　威胁联网下的航迹规划算法结构

在威胁联网下，由于要对作战环境中的威胁状态进行实时更新，设计威胁联网下的航迹规划算法结构如图 4.9 所示。

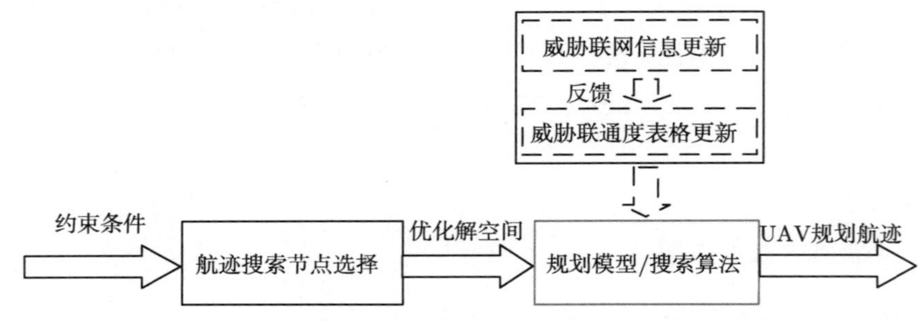

图 4.9　基于威胁联网的航迹规划算法结构

在规划过程中，结合威胁信息的变化情况更新威胁联通度表格数据，实现动态跟踪威胁态势信息，使算法具有更高的实时性。在一般算法中[53−55]，加快航迹收敛性的方法是：在航迹节点搜索之前，通过无人机自身约束条件对节点搜索空间进行裁剪，从而在保证算法合理性的条件下缩小节点搜索范围、优化解空间，使整个算法的收敛性提高。在根据约束条件修剪搜索空间 (优化解空间) 后，再由具体规划模型 (搜索算法) 求解出最终的无人机规划航迹。

在以往的威胁联网航迹规划算法[3−5] 中，多数采用启发式 A* 算法作为航迹规划算法的规划模型，启发式 A* 算法简单、易于实现，但是由于是一种全局的静态规划算法，往往不易满足威胁联网下的航迹规划算法的实时性要求。

在文献 [4]、[5] 中，由于使用相互信息支援表建立威胁联网模型，是一种静态建模方法，因此其使用启发式 A* 算法规划航迹方便适用。但是，在考虑到威胁联网的作战效能以及威胁模型都能够根据无人机的位置信息而实时改变时，这种基于启发式 A* 搜索的航迹规划算法将不再适用。

文献 [6] 使用了 MPC 算法来完成威胁联网下的规划航迹，获得了较好的实时性，但是其规划是在二维平面进行的，并且没有解决 MPC 算法在进行航迹规划时的固有缺陷，即难以构建符合实际的、准确的预测控制模型。

本书在 LRTA* 搜索算法的基础上，借鉴 MPC 算法的思想，提出一种多步寻优搜索算法规划模型来解决上述已有算法中存在的部分缺陷。

4.4.2 航迹节点搜索策略

在图 4.9 所示的算法结构中，不管是采用什么样的规划模型，航迹节点的搜索策略都会对整个航迹规划算法的收敛性产生重要影响。

三维空间的航迹规划相对于二维平面的航迹规划，规划的维数增加，航迹搜索的范围呈“指数暴涨”。当航迹规划的步长 dS 足够小时，结合微积分的思想，可使步长内航迹的高度变化率约等于零。因此，可以将三维航迹搜索分解在两个平面内进行，即水平面内的航迹节点搜索问题与垂直面内的航迹节点搜索问题。

1. 水平面内的航迹搜索策略

在水平面内，传统的航迹节点搜索策略是一种全方位的搜索，在数字栅格地图中，搜索策略示意图如图 4.10 所示。这种搜索策略没有加入任何约束条件，对任意当前节点，在后续节点都有八个方向可以扩展，造成后续节点的搜索空间过大、搜索效率低下。但是无人机是有一定机动约束的，在具有初始运动方向后，无人机并不能向所有方向前进，而只能在机动性能约束的角度范围内改变航向。

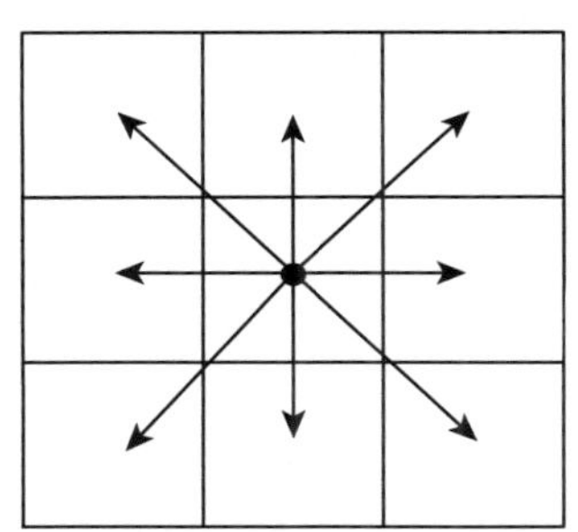

图 4.10 传统航迹节点搜索示意图

因此，可以在搜索之间根据当前无人机的航向、速度、机动性能约束对搜索空间进行压缩和选择处理，减少搜索范围。

压缩后续节点搜索空间的方法有很多[13,54]，文献 [55] 针对水平面内的航迹节点搜索问题指出：无人机按最小转弯半径转弯形成的圆弧和圆弧间的切线组成了任意两点间的最短距离。据此，结合无人机机动性能约束条件就可以获得改进的航迹节点搜索策略，如图 4.11 所示。

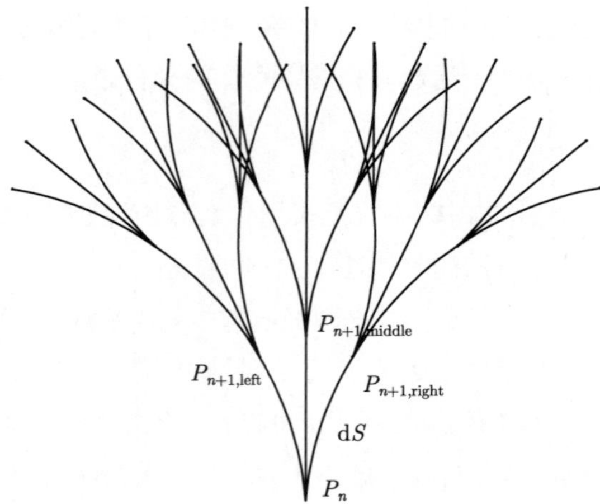

图 4.11　改进的航迹节点搜索示意图

图 4.11 中，航向角的变化率 $\mathrm{d}\psi = \mathrm{d}S/R_{\min}$；最小转弯半径为 $R_{\min}$，并且 $R_{\min} = V_{\min}/\dot{\psi}_{\max} \leqslant R = \Delta s/\Delta\psi$，这样既满足了无人机机动性能对航迹的约束，也加快了最优航迹的搜索求解过程。

由当前节点 P_n、最小转弯半径 $R_{\min}$、仿真步长 dS、航向角以及航向角的变化率可以得到后续航迹节点坐标。

后续搜索节点位置示意图如图 4.12 所示。

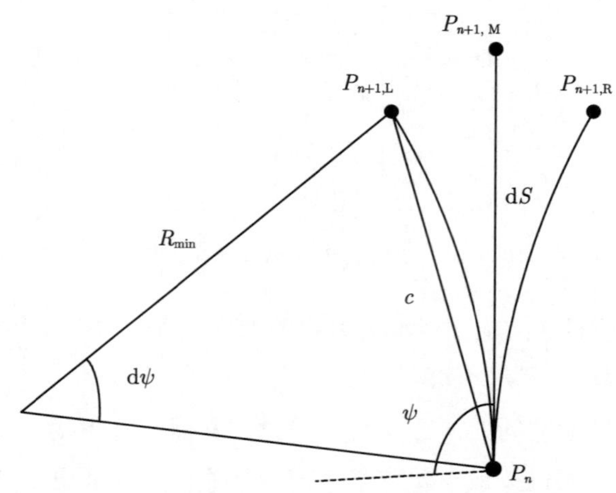

图 4.12　后续搜索节点位置示意图

记无人机当前航迹节点的经纬度坐标和偏航角为 $P(x_n, y_n, \psi_n)$，后续搜索节点 $P_{n+1,\mathrm{L}}$，$P_{n+1,\mathrm{R}}$，$P_{n+1,\mathrm{M}}$ 分别为无人机沿着左、右圆弧和直线段飞行 $\mathrm{d}S$ 步长后到达的下一个航迹点。两条圆弧和直线段在 P_n 点相切，由几何关系计算后续节点坐标为

$$\mathrm{d}\psi = \mathrm{d}S/R_{\min} \tag{4.21}$$

$$c = R_{\min}\sqrt{2[1-\cos(\mathrm{d}\psi)]} \tag{4.22}$$

$$P_{n+1,\mathrm{L}} = P_n + \begin{bmatrix} -c\times\cos(\psi-0.5\mathrm{d}\psi) \\ c\times\sin(\psi-0.5\mathrm{d}\psi) \\ -\mathrm{d}\psi \end{bmatrix} \tag{4.23}$$

$$P_{n+1,\mathrm{R}} = P_n + \begin{bmatrix} -c\times\cos(\psi+0.5\mathrm{d}\psi) \\ c\times\sin(\psi+0.5\mathrm{d}\psi) \\ \mathrm{d}\psi \end{bmatrix} \tag{4.24}$$

$$P_{n+1,\mathrm{M}} = P_n + \begin{bmatrix} -\mathrm{d}S\times\cos\psi \\ \mathrm{d}S\times\sin\psi \\ 0 \end{bmatrix} \tag{4.25}$$

2. 垂直面内的航迹节点搜索策略

垂直面内的航迹会受到无人机的最大爬升角、法向过载等机动性能的约束，以及安全离地飞行高度的限制。因此，可结合安全飞行曲面与地形平滑处理来求解垂直面内规划航迹搜索问题。

垂直面内的航迹节点搜索问题可以建立在安全曲面的基础上进行。首先，在水平航迹搜索完成后，将生成的水平航迹点投影到安全飞行曲面上，通过差值计算就可得到投影到安全曲面的三维航迹点的高程值 $h=z(x,y)$。然后，以安全曲面上的实际生成节点计算航迹代价，并以此作为水平航迹点的选择依据。最后，将水平扩展节点投影到安全曲面，即可完成垂直面内的航迹节点搜索。其过程如图 4.13 所示。

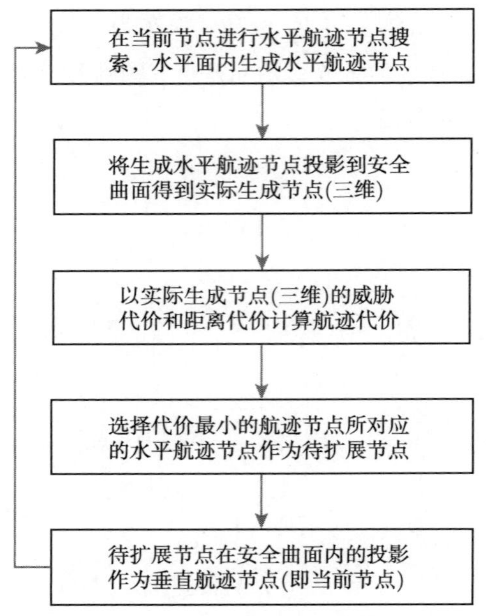

图 4.13　三维航迹节点搜索过程

除了无人机的起飞降落阶段，其余整个规划过程中，设无人机始终在安全飞行曲面内飞行。由图 4.13 的搜索过程可知，三维航迹搜索实际是一个水平航迹搜索和垂直航迹搜索交替进行的过程。在一次搜索步长内，将水平航迹搜索能够扩展的后续航迹点投影到安全曲面上，以安全曲面上的投影点位置坐标计算航迹代价，并以此来选择水平面内的最优航迹点，然后以节点之间的投影关系来确定垂直面内的航迹节点选择策略。投影后的航迹搜索示意图如图 4.14 所示。

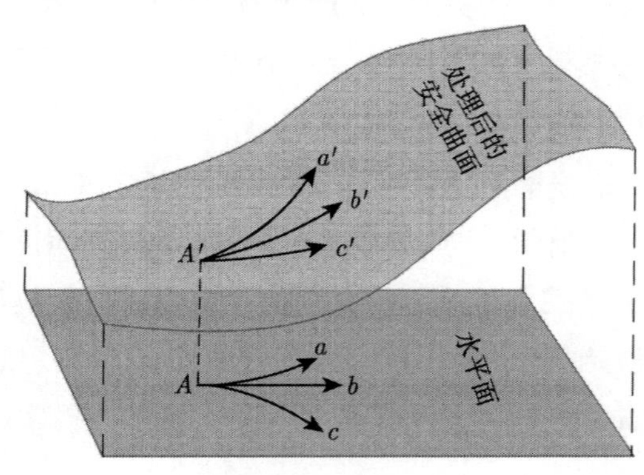

图 4.14　投影后的航迹搜索示意图

在图 4.14 中，$Aabc$ 与 $A'a'b'c'$ 为一一映射关系，无人机当前处在 A' 点，求解无人机下一个航迹的过程为：将当前无人机航迹点投影到水平面上的 A 点，在 A 点以前述水平航迹扩展方法有三种可能的后续节点 a、b、c；然后再将 a、b、c 投影到安全曲面上，得到投影节点 a'、b'、c'，分别在节点 a'、b'、c' 计算航迹威胁代价，比较选择航迹代价最小的节点作为扩展节点，在新的扩展节点处再进行上述“投影–扩展”过程。通过“投影–扩展–投影”不断循环所规划出的航迹，既能满足两个平面内航迹计算的独立性分解求解空间维数 (获得地形安全曲面后，甚至可以将三维规划视为在二维曲面上的二维航迹规划)，又能将水平面和垂直面的航迹联系起来综合考虑，使三维航迹趋于最优。

例如，无人机以恒定速度飞行，设安全离地高度为 100m 时，在某一地形处用 A* 算法计算得到的某一垂直面内航迹曲线如图 4.15 所示。

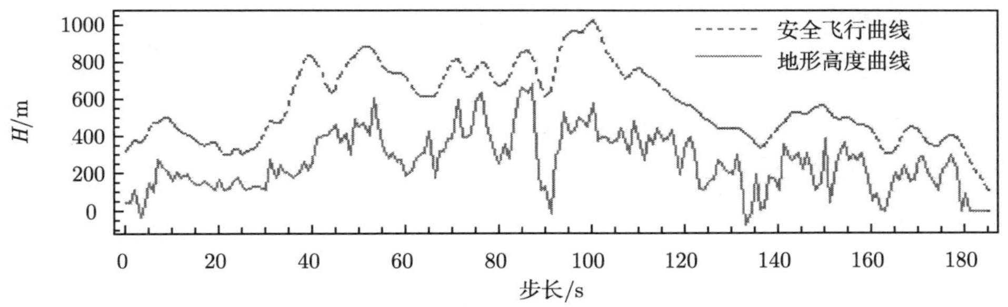

图 4.15 垂直航迹搜索结果

4.4.3 传统 A* 算法规划模型分析

启发式 A* 搜索算法的基本思想是通过设定合适的启发函数，全面评估各扩展搜索节点的代价，通过比较各扩展节点代价值的大小，选择最有利的节点加以扩展。A* 算法作为一种启发式搜索算法，由于其计算简单、易于实现，并且理论上可以保证航迹的全局最优性，在航迹规划算法中占有重要地位。

国内外学者对 A* 算法进行过大量优化[11,12,56]，主要针对 A* 算法随规划空间的增大而产生的“指数膨胀”问题，设计了稀疏 A* 算法 (SAS)、改进稀疏 A* 算法等，取得了良好的改进效果。基于稀疏 A* 算法已经较为成熟，结合上一节设计的航迹搜索策略，本书首先设计采用稀疏 A* 算法求解规划模型。将稀疏 A* 搜索算法填入规划模型后，航迹规划算法结构如图 4.16 所示。

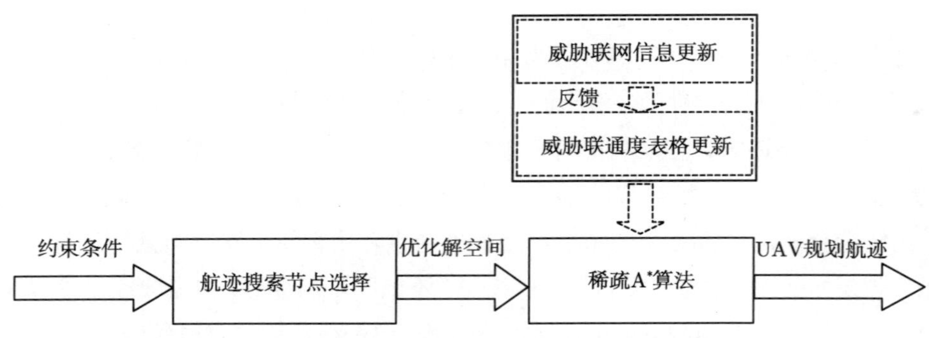

图 4.16　基于稀疏 A* 算法规划模型的算法结构

在稀疏 A* 算法基础上，通过引入无人机的飞行高度、爬升/下滑角等性能约束，在 4.4.2 小节所建航迹节点搜索策略下对稀疏 A* 算法的最优航迹进行搜索求解。在计算航迹代价之前对航迹节点选择处理以及对航迹节点搜索空间分解，减小后续航迹节点的搜索范围，使规划出的航迹满足无人机各种约束条件。

稀疏 A* 算法是一种启发式搜索算法，算法的好坏很大程度上取决于启发函数设计的好坏。启发函数是由起始点到当前节点的最小代价函数值与从当前节点到目标点的估计目标函数值计算得到的。因此，设计代价目标函数为

$$f(n) = h(n) + g(n) \tag{4.26}$$

式中，$g(n)$ 为起点到当前节点的最小代价函数；$h(n)$ 表示从当前节点到终点的预估代价函数，启发式 A* 搜索算法就是求解使 f 最小的航迹线。

由于 $g(n)$ 是可以计算的，$h(n)$ 设计的好坏将直接影响到算法的效率和收敛性。$h(n)$ 也称作 A* 算法的启发策略，应该尽量接近当前节点 n 到目标节点 e 的实际代价值 (但不能大于，以满足可纳性)。

由于实际代价无法确切知道，为了保证有解，比较常见的一种做法是使当前节点与目标节点之间的欧式距离为 $h(n)$，即

$$h(n) = \sqrt{(x_{\mathrm{e}} - x_n)^2 + (y_{\mathrm{e}} - y_n)^2 + (h_{\mathrm{e}} - h_n)^2} \tag{4.27}$$

式中，$(x_{\mathrm{e}}, y_{\mathrm{e}}, h_{\mathrm{e}})$ 为起始目标点坐标；(x_n, y_n, h_n) 为当前节点坐标。

在对从当前节点扩展到下一个节点的航迹代价进行综合评估时，可采用距离 (distance) 代价和威胁 (hazard) 代价的加权和来表示[57]，因此将 $g(n)$ 表示为

$$g(n) = g(n-1) + w_{\mathrm{dist}} \cdot f_{\mathrm{dist}} + w_{\mathrm{hazard}} \cdot f_{\mathrm{Th}} \tag{4.28}$$

式中，$g(n-1)$ 是当前节点的上一节点的最小代价函数；w_{dist}、w_{hazard} 分别为前一节点扩展到后一节点的距离权重与威胁权重；f_{Th} 为威胁代价，可由式 (3.26) 计算得到；f_{dist} 为前后两节点之间的飞行距离代价，设为

$$f_{\mathrm{dist}} = \sqrt{(x_n - x_{n-1})^2 + (y_n - y_{n-1})^2 + (h_n - h_{n-1})^2} \tag{4.29}$$

式中，(x_n, y_n, h_n) 与 $(x_{n-1}, y_{n-1}, h_{n-1})$ 为两节点空间坐标。

考虑到作战需求对规划航迹的不同要求，需要对式 (4.28) 的航迹代价中的权重 w_{dist}、w_{hazard} 进行赋值。w_{dist}、w_{hazard} 作为组成航迹代价的权重，满足 $1 = w_{\mathrm{dist}} + w_{\mathrm{hazard}}$，其取值相对大小对于生成的航迹的形状有较大程度的影响。若 w_{dist} 取值相对较大，则意味着对生成航迹的长度这个指标更加重视；若 w_{hazard} 取值相对较大，则意味着对威胁规避这个指标更加重视。

稀疏 A* 算法进行航迹节点扩展时，其子节点的坐标都是通过当前节点推算出来的，因此稀疏 A* 搜索算法实际上是在隐式图中进行搜索的。搜索过程中的节点通常可以分为三类：扩展过了的节点、通过当前节点生成但还没有被扩展的节点和尚未产生的隐式节点。第一类被称为封闭节点，放在 closed 表中。第二类是已经产生的、并等待扩展的节点，也被称为开放节点，放在 open 表中。

综合以上分析，基于改进稀疏 A* 算法的无人机突防航迹规划算法流程如图 4.17 所示。

威胁联网下稀疏 A* 算法步骤如下。

步骤 1：规划区域参数、地形参数、无人机参数和威胁参数的设置与录入。

步骤 2：根据地形数据、无人机的机动性能约束等参数，计算无人机的安全飞行曲面，并对安全曲面进行平滑修正处理，这一过程计算量大，可以在地面完成后加载到无人机。

步骤 3：更新/设置各个威胁单元的位置，设定航迹规划的起始点和终点。

步骤 4：根据威胁联网的信息 (网络拓扑结构、链路容量、C2 组织信息交互的特点以及威胁网络的指挥控制关系) 计算威胁联网的各个威胁单元之间的联通度，获得威胁联通度表格数据库。

步骤 5：将起始点插入 open 表，清空 closed 表。以起点作为当前航迹点进行稀疏 A* 扩展。

步骤 6：在 open 表中选择代价最小的节点作为当前节点，并将节点从 open 表

中移到 closed 表中。判断当前节点与目标节点之间的距离是否达到结束的条件，如果满足结束条件，从当前节点回溯找到起点就得到一条全局规划的最优航迹；如果没有满足结束条件，则执行下一步。

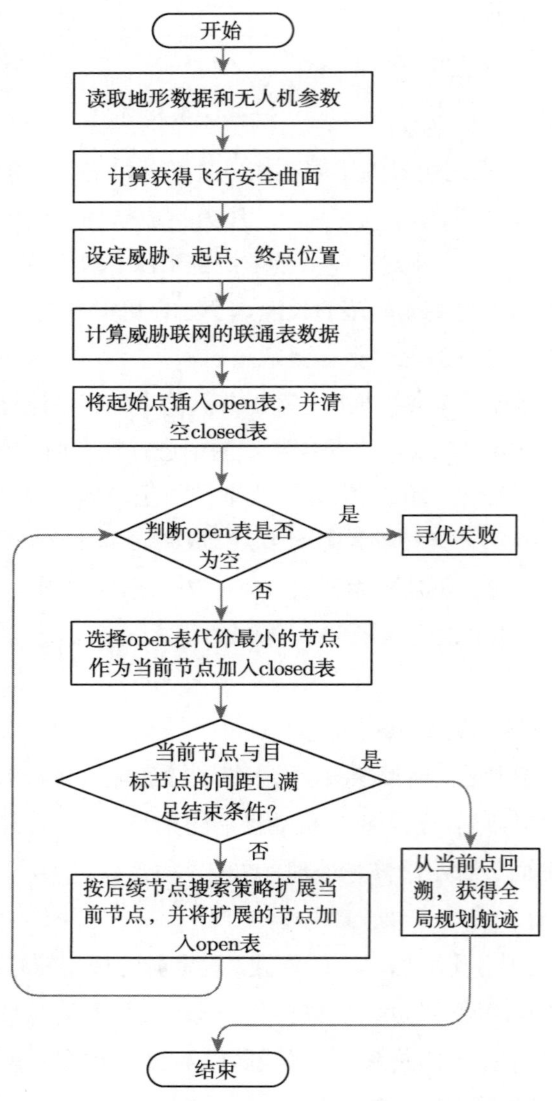

图 4.17　A* 航迹规划算法流程

步骤 7：将当前节点投影到水平面内，利用水平航迹搜索策略向前生成后续节点，每生成一个节点就将其投影到安全曲面上，利用垂直面内航迹节点搜索策略，确定出对应的三维航迹点就得到当前节点的待扩展节点，将其加入 open 表中。计算三维航迹点的航迹代价作为 open 表中节点选择的依据。

步骤 8: 判断 open 表是否为空，若为空，则寻优失败；若不为空，则返回步骤 6，继续搜索航迹。

显然，启发式的稀疏 A* 算法是一种静态规划算法，求解出的最优航迹往往是一次性规划得出的。在无人机航迹规划领域，只有在获得作战环境的完整准确信息时，才可用一次性全局规划来得到从起始点到目标终点的最优航迹。也就是说，基于稀疏 A* 算法的规划模型只有在获得威胁联网的完整信息情况下才能得到某一固定威胁环境下的最优航迹。

然而，在威胁联网这一作战环境下，威胁可以根据目标飞行器的飞行状态改变其工作模式，从而改变威胁联网的威胁态势，即威胁联网的威胁状态可能是实时变化的。因此，要保证规划航迹的最优性，就需要无人机在飞行过程中实时地处理变化的威胁信息，并依靠实时探测得到的环境信息，不断地在线重规划来获得每一时刻的当前已知威胁信息条件下的最优飞行航迹。

因此，在威胁联网下采用 A* 搜索算法规划航迹，其执行的每一步都可能面临重规划的问题，显然不能满足威胁联网对航迹规划的实时性要求。

4.4.4 基于 MPC 思想的多步寻优搜索算法规划模型设计

借鉴模型预测控制 (model-based predictive control, MPC) 算法的思想，在自学习实时 A* 搜索算法 (learning real-time A* algorithm, LRTA*)[58] 的基础上，设计一种适用于威胁联网环境的多步寻优搜索算法规划模型。

LRTA* 搜索算法是通过将执行阶段和规划阶段交替进行，有效调节规划时间与执行时间的相对比例，来满足动态环境下的实时规划的要求。然而，单步搜索规划出的航迹是由一些折线构成的，无人机受机动性能限制，往往难以进行精确的航迹跟踪控制，并且搜索容易陷入局部最优点而导致规划失败。因此，引入 MPC 的思想，设计采用多步寻优的搜索方法来改进航迹搜索过程。多步寻优搜索算法在航迹执行的每一步都进行一次固定步数的最优航迹搜索，从而避免搜索进入局部最优点的可能。由于该算法的航迹搜索过程是一个在线的滚动优化过程，具有较好的实时性和控制精度，适用于动态、不确定性环境下的在线航迹规划问题。

MPC 算法是一种优化控制方法，是通过某一性能指标的最优化来确定未来的控制作用。MPC 算法包含模型预测、滚动优化和反馈校正三项基本原理，其中滚动优化是 MPC 算法能够应用到动态航迹规划的基础。模型预测控制采用基于脉冲响应的非参数模型作为内部模型，用过去和未来的输入输出信息，根据预测模型预测系统未来的输出状态，经过用模型输出误差进行反馈校正后，再与系统的参考输入轨迹进行比较，应用二次型性能指标进行滚动优化，最后计算当前时刻应该加于系统的控制输入，完成整个控制循环。MPC 系统原理如图 4.18 所示。

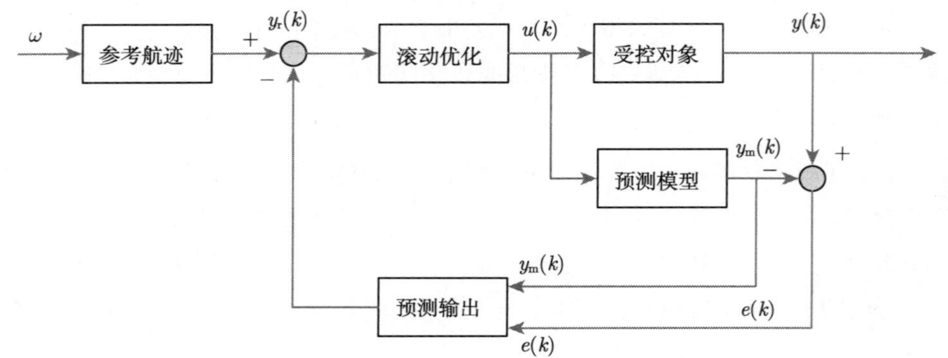

图 4.18　MPC 算法系统原理图

图 4.18 中，$y(k)$ 为被控对象在 k 时刻的实际输出量；$u(k)$ 为 k 时刻实际作用于系统的控制量；$y_{\mathrm{r}}(k)$ 为经输入滤波器柔化后的参考航迹；由于系统的真实模型往往难以确定，需要通过实测或者参数估计得到，得到的模型亦被称为预测模型，$y_{\mathrm{m}}(k)$ 即为预测模型在 k 时刻的实际输出值；$e(k)$ 为预测输出与实际的差。利用 MPC 进行闭环预测，可得到闭环输出预测为

$$y_{\mathrm{p}}(k+1)=y_{\mathrm{m}}(k+1)+h_1[y(k)-y_{\mathrm{m}}(k)] \tag{4.30}$$

式中，h_1 为误差修正系数；$y(k)$ 为第 k 步的实际对象输出测量值；$y_{\mathrm{m}}(k)$ 为预测模型在 k 时刻的输出；$y_{\mathrm{m}}(k+1)$ 为模型的预测输出；$y_{\mathrm{p}}(k+1)$ 为闭环输出预测。

由于 MPC 控制的目的是使系统的输出沿着一条事先规定的曲线 (参考航迹) 逐渐达到设定值 ω，选用输出预测误差和控制量加权的二次性能指标时，单步预测模型的最优控制律可表示为

$$J=q[y_{\mathrm{p}}(k+1)-y_{\mathrm{r}}(k+1)]^2+\lambda u^2(k) \tag{4.31}$$

式中，q 和 λ 分别为输出预测误差和控制量的加权系数；$u(k)$ 为 k 步的控制

量；$y_{\mathrm{p}}(k+1)$ 为闭环输出预测值；$y_{\mathrm{r}}(k+1)$ 为参考输出。

在模型预测控制中，往往需要预测将来的多步输出，结合式 (4.31) 就可以得到多步预测的最优控制律：

$$J=\sum_{j=1}^{N}q_j[y_{\mathrm{p}}(k+j)-y_{\mathrm{r}}(k+j)]^2+\sum_{j=1}^{M}\lambda_j u^2(k+j-1) \tag{4.32}$$

式中，N 为预测域长度；M 为控制域长度；q_i 和 λ_j 分别为输出预测误差和控制量的加权系数。

通过以上对 MPC 算法的分析，将预测的思想引入自学习实时 A* 搜索算法中，提出一种多步寻优搜索算法规划模型来实现威胁联网下的实时航迹规划。此时的算法结构如图 4.19 所示。

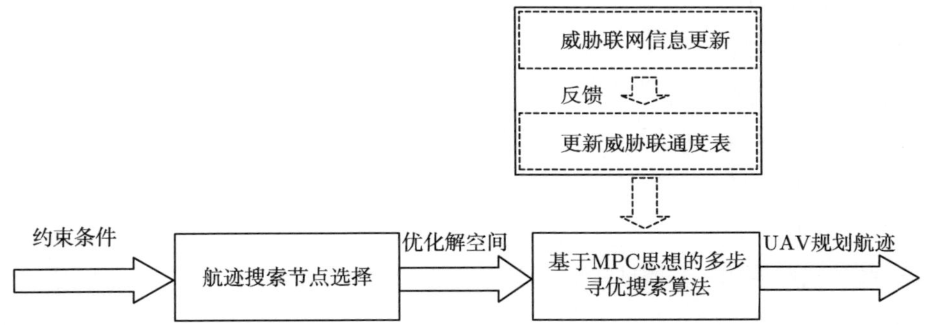

图 4.19 基于多步寻优搜索的航迹规划算法结构

在多步寻优搜索航迹规划算法中，将每一条预测航迹的航迹代价视为 N 个预测航迹节点的航迹代价的累加值。即包含 N 个预测点的距离目标点的路径长度代价、控制代价和威胁代价。则可根据 MPC 算法的最优控制律设计无人机航迹规划的目标函数，从第 k 个节点起步的 N 步预测航迹的代价表达式的形式为

$$\begin{aligned}J(k)=&\sum_{j=k}^{k+N}\left[c_1^T(j|k)C_1c_1(j|k)+\varepsilon_j J_{\mathrm{Threat}}(j|k)\right]\\&+\sum_{j=k}^{k+M}\lambda_j\mu^T(j|k)\mu(j|k)\end{aligned} \tag{4.33}$$

式中，N 为预测域步长；M 为控制域步长；$J_{\mathrm{Threat}}(j|k)$ 表示当前预测航迹段上第 j 个预测点上的威胁代价，可由式 (3.26) 计算得到；ε_j 为威胁权值；λ_j 为控制代价的

权值；C_1 为距离代价加权矩阵；$\mu(j|k)$ 为控制序列；航迹规划中，以目标点作为参考轨迹点；则 $c_1(j|k)$ 表示第 j 个航迹点 $[x(j|k),y(j|k),z(j|k)]^{\mathrm{T}}$ 与终点 $(x_{\mathrm{e}},y_{\mathrm{e}},z_{\mathrm{e}})$ 之间的距离代价，并且有

$$c_1(j|k)=\begin{pmatrix} x(j|k)-x_{\mathrm{e}} \\ y(j|k)-y_{\mathrm{e}} \\ z(j|k)-z_{\mathrm{e}} \end{pmatrix} \tag{4.34}$$

采用多步寻优搜索的规划算法的航迹搜索策略与 4.4.2 小节分析类似，同样将航迹搜索分解到水平面内和垂直面内进行，只是在水平航迹搜索中引入预测控制的思想对水平搜索策略进行了修改。

在多步寻优搜索算法的水平航迹搜索中，从当前航迹点和航向开始，计算控制航向角发生改变的侧向加速度 μ 的取值 $(\mu_0,\mu_1,\cdots,\mu_{N-1})$，使节点的代价函数取最小值。一旦获得了 μ 的 N 个取值，当前航迹段之后的 N 段航迹也就随之确定。由于规划航迹段所选用的步长相等，这些航迹段的长度亦相等。

受无人机机动能力限制，侧向加速度取值范围有限，即 $|\mu|\leqslant\mu_{\max}$。若规定无人机的最小侧向加速度增量为 $\Delta\mu$，$\Delta\mu$ 恰能将 $\mu_{\max}$ 分为 n 等份，则侧向加速度 μ 的取值就有 $2n+1$ 种可能，即 $[-\mu_{\max},\cdots,(-1/n)\Delta\mu,0,(1/n)\Delta\mu,\cdots,\mu_{\max}]$。因此，在每次水平航迹搜索中，需要验证的航迹组合就有 $(2n+1)^N$ 种。当 N 取值较小时，算法对远处威胁的预测能力降低，容易使航路严重偏离目标点；当 N 取值较大时，计算量将变得很大，有可能造成规划时间无法满足实时性的要求。

为了简化运算，减少搜索时间并保证规划的最优性，同时也为了提高控制精度，往往采用单步控制、多步预测的搜索策略 (使 M=1、$N>1$)，并将控制航向角的侧向加速度的控制序列取为 $(\mu_0,0,0,\cdots,0)$。然后再根据航迹规划算法的代价目标函数 $\min J(k)$ 来确定 μ_0 的取值，得到下一步的规划航迹。多步寻优搜索算法的水平航迹搜索的实质可通过图 4.20 表示。

设在水平面上的航迹起始点为 A 点，终止点为 G 点。假设多步寻优搜索的预测步数 N=3，则无人机从 A 点开始在可行的飞行方向上向前预测飞行 N 步的航迹，相当于从 A 点开始引 N 倍步长的直线段。若可行预测航迹中得到的代价最小的预测航迹段为 AH，则按照选定航迹段 AB 飞行。在从 A 点到 B 点的飞行过程中，规划生成新的预测航迹段 BI，即每规划 N 步执行一步，使无人机的航迹规划与飞行同时进行，即满足了突防航迹规划的实时性要求。

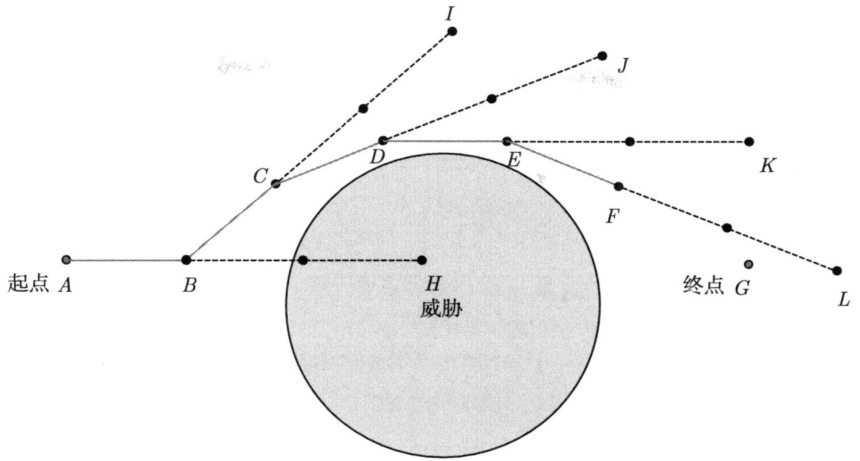

图 4.20 多步寻优搜索算法示意图

在该多步寻优搜索算法的水平航迹搜索中，对于当前节点到其相邻的扩展节点处的航迹代价函数，使用不可采纳的启发式函数来克服 LRTA* 算法的不足[59,60]，对原有代价函数加入启发权值 w，如式 (4.35) 所示，当 $w \leqslant 0.5$ 时，函数可纳；当 $0.5 < w \leqslant 1$ 时，函数不可纳。

$$f(n') = w \cdot h(n') + (1-w) \cdot k(n,n') \tag{4.35}$$

式中，飞行器当前节点为 n，其相邻的扩展节点为 n'，估计代价 $h(n')$ 为从扩展节点到目标节点的距离；$k(n,n') = g(n') - g(n)$，为从当前节点到扩展节点所消耗的代价。w 为启发权值，权值较大时，算法在开始时的收敛速度越快，后面慢；权值较小时，开始的速度慢，最后趋于最优解时会变快。

由式 (4.28) 可知 $k(n,n')$ 为

$$k(n,n') = w_{\text{dist}} \cdot f_{\text{dist}}(n,n') + w_{\text{hazard}} \cdot f_{\text{Th}}(n') \tag{4.36}$$

式中，$f_{\text{dist}}(n,n')$ 为从当前节点 n 到下一节点 n' 消耗的距离代价；$f_{\text{Th}}(n')$ 为 n' 处的威胁代价；w_{dist}、w_{hazard} 为对应的权重值。

因将多步寻优搜索中算法的控制序列取为 $(\mu_0, 0, 0, \cdots, 0)$，故可结合式 (4.35) 和式 (4.36)，得到预测航迹的航迹代价表达式 (4.33) 的另一种表达形式为

$$J=\sum_{j=k}^{k+N-1}[w_jh(j,j+1|k)+w_{\mathrm{dist},j}\cdot f_{\mathrm{dist}}(j,j+1|k)$$
$$+w_{\mathrm{hazard},j}\cdot f_{\mathrm{Th}}(j+1|k)]+\lambda\mu_0^2 \tag{4.37}$$

进一步化简可以得到

$$J=\sum_{j=k+1}^{k+N}[w_jh(j|k)]+\sum_{j=k+1}^{k+N}[\varepsilon_jJ_{\mathrm{Threat}}(j|k)]+\eta L_{\mathrm{s}}+\lambda\mu_0^2 \tag{4.38}$$

式中，第一部分表示 N 个预测航迹点上的估计代价之和；第二部分表示 N 个预测航迹上的威胁代价之和，且 $J_{\mathrm{Threat}}(j|k)$ 表示当前预测航迹段上第 j 个航迹点上的威胁代价；第三部分的 $L_{\mathrm{s}}=\sum f_{\mathrm{dist}}(j|k)$(且 $j=k+1,k+2,\cdots,k+N$)，相当于水平面内 N 条步长的直线段在安全曲面上的投影线段长度 $f_{\mathrm{dist}}(j|k)$ 之和，即无人机在该预测航迹段上的飞行距离代价；第四部分为控制代价；w_j、ε_j、η、λ 为各部分对应的权重值。

在算法具体实施时，首先在当前航迹点所在的水平面内扩展水平预测航迹段，并将水平面内生成的预测航迹段在安全曲面内的投影曲线视为实际预测航迹曲线。在每个预测航迹点的水平坐标 (x,y) 确定之后，通过安全曲面确定每一个实际预测航迹点的飞行高度 $h_{(x,y)}$，进而可计算出每个实际预测航迹点 (x,y,h) 处的威胁代价和距离终点的距离代价 (即估计代价)，以及实际预测航迹段的飞行距离代价，再由式 (4.38) 就可计算出该实际预测航迹段的航迹代价。

由于实际预测航迹曲线与水平预测航迹段是一一对应的，可以通过计算得到的实际预测航迹段的航迹代价值来选择最优规划航迹，即以实际预测航迹曲线计算的航迹代价来选择最优航迹。即选择代价值最小的预测航迹曲线作为规划出的下一段航迹，并在完成一次航迹搜索后使无人机按照规划的航迹向前飞行一个步长。在按照规划航迹飞行的过程中，无人机以当前正在飞向的下一个航迹点作为新的当前节点，以相同的方法完成下一步的航迹搜索，通过滚动优化这一航迹搜索过程规划出无人机的最优航迹。

综合以上分析，基于多步寻优搜索算法的无人机突防航迹规划算法流程如图 4.21 所示。

在规划的网格空间中，以 S 表示网格点集合；$s_0\in S$ 表示当前初始点；$\mathrm{s_t}\in S$ 表示目标点；$S_{\mathrm{succ}}(s)\subseteq S$ 表示节点 s 的后续预测节点。则威胁联网下基于多步寻优搜索的规划模型算法描述如表 4.1 所示。

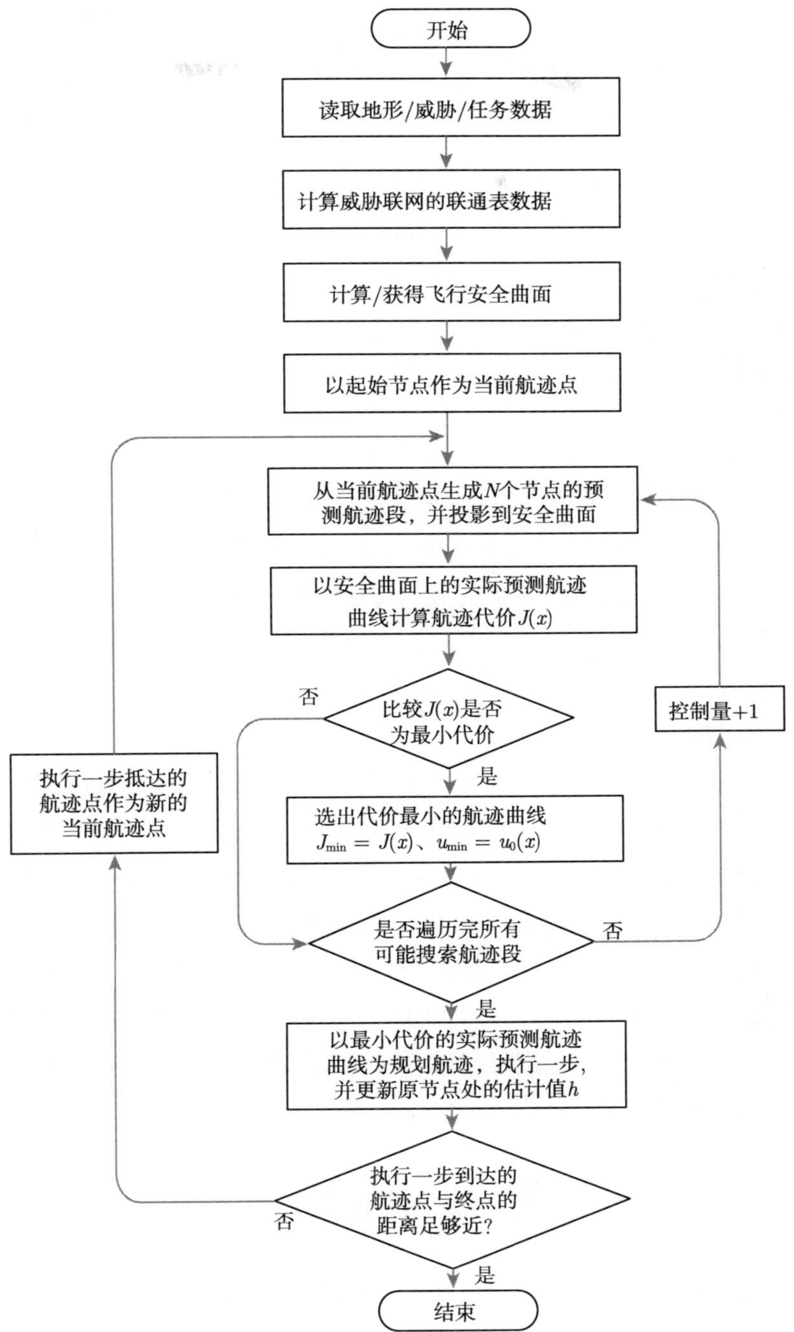

图 4.21 多步寻优搜索算法的航迹规划算法流程

表 4.1　多步寻优搜索的算法描述

算法描述
步骤 1：以起点为当前节点，使 $s=s_0$
步骤 2：判断 s 是否为目标点。若是则结束；否则，在 s 后续节点中展开多步寻优搜索
步骤 3：在集合 S_{succ} 中选出最优的预测航迹，并使预测航迹的第一个航迹点为扩展节点。即，使 $s'=\arg\min\limits_{s'\in S_{\text{succ}}(s)}[k(s,s')+h(s')]$
步骤 4：更新 s 的估计值，使新值为 $h(s)=\max\left\{h(s),\min\limits_{s'\in S_{\text{succ}}(s)}[k(s,s')+h(s')]\right\}$
步骤 5：动作执行，向 s' 飞行
步骤 6：改变当前节点，使 $s=s'$
步骤 7：返回步骤 2

文献 [61] 已经证明了在选择的代价函数可纳的条件下，无人机沿着多步寻优搜索算法规划的航迹飞行，一定能够达到目标位置。但是，在加入预测步长之后，在终点位置，多步搜索的预测航迹可能直接穿越终点所在的网格，导致算法在终点处往复搜索而耗费大量时间。因此，需要通过在算法搜索的末期逐步缩减预测步长来解决这个问题。

与传统启发式搜索的航路规划算法[62−64] 相比，由于借鉴了 MPC 算法思想，该多步寻优搜索算法的特点是用在有限时段的滚动优化取代了一成不变的全局优化。通过在有限时域内滚动优化目标函数，进而根据所建的预测模型，获得当前寻优方法的最优航迹点，循环选择出一系列的航迹点，从而完成整个航迹规划。在每一段航迹规划过程中，相比单步长搜索，采用多步寻优搜索将使搜索的航迹总代价值更小，航迹更加平滑，并减少搜索过程陷入局部最优点的可能性。并且，由于执行一步和规划 N 步的过程是交替进行的，所以算法对动态环境的适应性较强，更有利于突发威胁环境下航迹的实时规划与重规划。

4.5　仿真与分析

本节设置多种仿真实验，分别对威胁不联网情形、威胁联网情形和威胁联网下的自主攻击与突发威胁应对情形进行了仿真分析。通过实验验证本书所建威胁联网模型的有效性，并对威胁联网下的航迹规划算法进行比较分析，以此完成相关理论以及模型的仿真验证。

4.5.1 实验参数设计

仿真在 VC++ 6.0 的环境下进行，若无人机挂载两枚某型制导武器，以速度 v= 200m/s 飞行，起始点位置为 116.35°E、24.76°N，目标点位置为 118.09°E、27.26°N。无人机机动性能约束为：最小转弯半径 5km，最大爬升角为 60°，俯冲角为 30°，安全飞行高度 50m，已知无人机所携带的导弹的火力杀伤半径为 5km，发射导弹的偏离角约束 $|\phi| < 30°$；RCS 计算模型中的经验参数取 (a, b, c)= (0.3172, 0.1784, 1.003)；无人机突防航迹规划的作战区域设置为正方形区域，其西南角顶点经纬度坐标为 116.3°E、24.7°N，区域边长为 200km。利用 DEM 导入规划空间内的地形数据，并将规划空间分解为 200km×200km 的栅格。

事先得知的突防区域内的威胁联网的信息为：威胁联网由 6 个威胁单元组成，各个威胁单元为由某种同型号的导弹防御系统，这种导弹防御系统的雷达模型参数 $c_1 = 1.01$，$c_2 = 1.25 \times 10^{-18}$，各个威胁单元的设计如表 4.2 所示。并且假设威胁单元之间的信息交互所产生的指示信息量为每秒 8 个单位量，产生的协作信息为每秒 10 个单位量，连接威胁的各链路容量大小相等，设为 101 个单位量，而无人机的一次任务规划周期设为 0.9s。

威胁网络的网络拓扑结构从简单到复杂，可分别采用如图 4.22～图 4.24 所示的结构。

表 4.2 威胁单元位置与类型表

威胁名	经纬度坐标	威胁类型
威胁单元 1	116.8°E，25.8°N	已知威胁
威胁单元 2	117.4°E，25.5°N	已知威胁
威胁单元 3	118.1°E，25.4°N	已知威胁
威胁单元 4	118.7°E，26.1°N	已知威胁
威胁单元 5	117.2°E，26.4°N	已知威胁
威胁单元 6	117.8°E，26.9°N	已知威胁
威胁单元 7	118.2°E，26.5°N	突发威胁

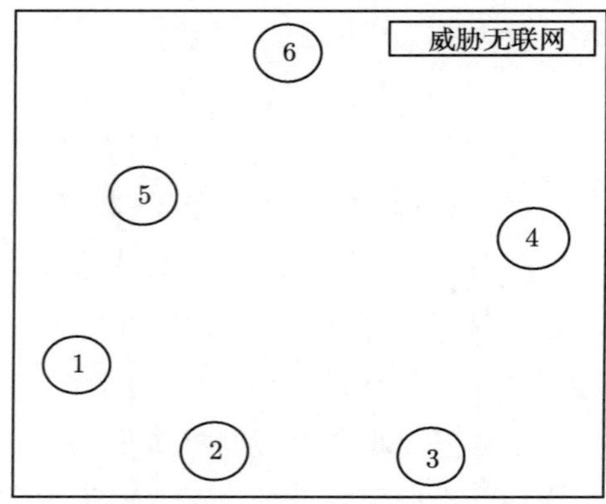

图 4.22　网络拓扑结构-1

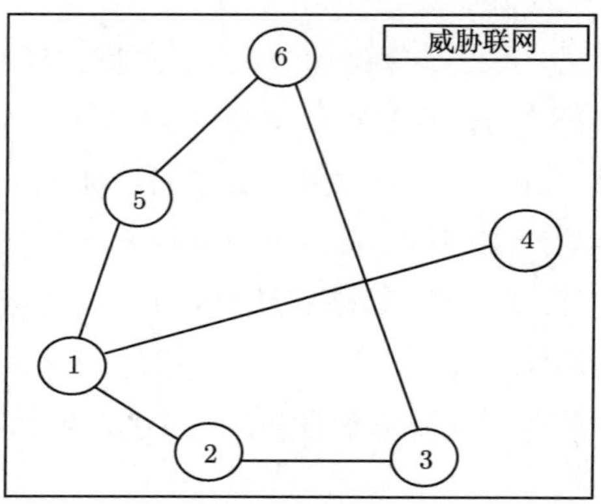

图 4.23　网络拓扑结构-2

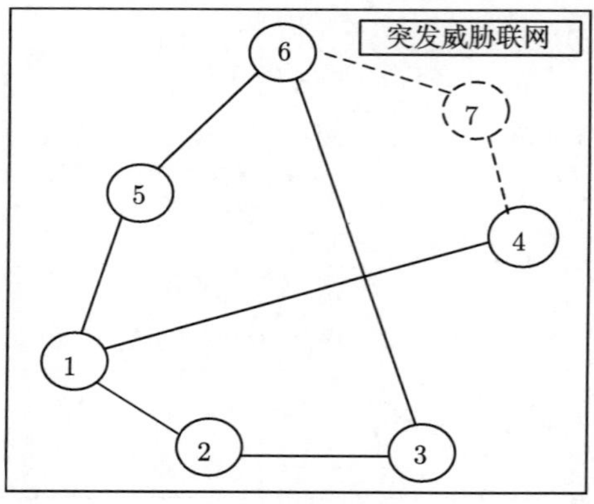

图 4.24　网络拓扑结构-3

4.5.2 威胁联网通信参数设置

以图 4.24 所示网络拓扑结构，使用 NS2 仿真分析威胁网络数据产生率对节点接收信息的影响，可参照表 3.2。

4.5.3 实验仿真情形设置

(1) 仿真情形 1 为传统的威胁处理方式，威胁之间采用图 4.22 所示拓扑结构。即不考虑防空威胁之间的互联互通和信息交互，认为每个威胁单元都相互独立地工作。

(2) 仿真情形 2 为威胁联网处理方式，威胁之间采用图 4.23 所示拓扑结构。在这一情形中，考虑了威胁之间的互联互通，认为每个威胁单元都能向网络提供自身资源、共享信息，同时也能从网络中获取可能信息，所有威胁单元之间是协同一体的。

(3) 仿真情形 3 为考虑威胁联网、有突发威胁的自主攻击处理方式，原有威胁和突发威胁之间采用图 4.24 所示网络拓扑结构。在这一情形下，除了考虑威胁联网之外，在无人机的飞行过程中将会出现突发威胁，并与原有威胁网联网，而无人机携带有制导导弹并可完成自主攻击决策。

以上这三种仿真情形之间的对比设置如表 4.3 所示。

表 4.3 仿真情形设置对比表

仿真情形	考虑威胁联网	自主攻击能力	突发威胁
仿真情形 1	否	无	无
仿真情形 2	是	无	无
仿真情形 3	是	有	有

4.5.4 仿真实验与分析

在所有仿真中，在 VC++ 下的 MapX 控件中画出的威胁范围示意图是以一定高度作切面所得到的威胁的有效作用范围 (图 4.25 中的圆圈)，将规划边界之外的空间设为禁飞区，而在规划空间内部 (图 4.25 中的矩形框内)，则认为无人机没有跨越不了的禁飞区。

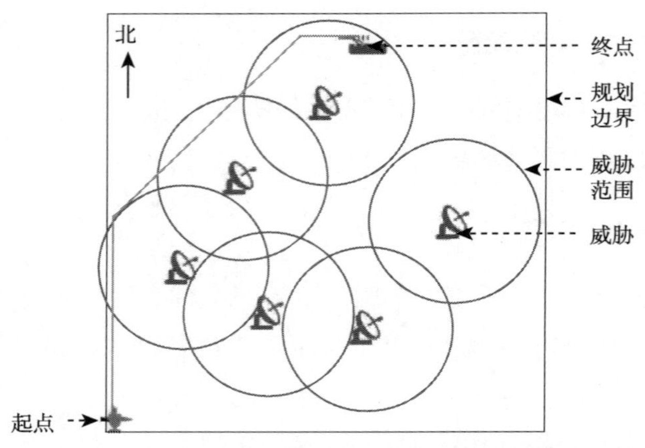

图 4.25　不考虑威胁联网的规划航迹

1. 仿真实验一

暂时忽略地形对威胁探测效能的影响，并假设无人机在恒定高度飞行，如设飞行高度为 100m。分别在仿真情形 1 与仿真情形 2 的设置下，利用稀疏 A* 算法求解最优航路，以此验证是否考虑威胁联网对航迹规划的影响。不考虑威胁联网的情形下的航迹规划结果如图 4.25 所示，考虑威胁联网的情况下得到的无人机航迹规划结果如图 4.26 所示。

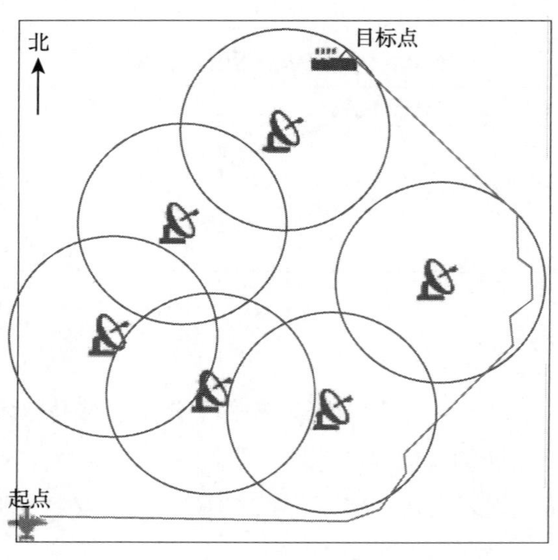

图 4.26　考虑威胁联网的规划航迹

对比两种情形下的规划结果 (图 4.25 和图 4.26)，以及各航迹上的毁伤概率 (图 4.27) 可知，在不考虑威胁联网时，算法只是简单地考虑在燃油消耗最小的情形下使综合代价尽可能小，故规划出的航迹相对平直，并沿着威胁的一侧外沿尽快到达了目标点。而在考虑威胁联网时，由于事先考虑了威胁间的信息共享以及打击协同，对威胁的评估更加符合实际情况，因而规划出来的航迹能够有效避开高危险区，极大提高了无人机的生存概率 (图 4.27)，即考虑威胁联网后的规划航迹上的毁伤概率大大降低。同时，无人机也需花费更大的代价 (更长时间或更多燃油) 来保证航迹的安全。

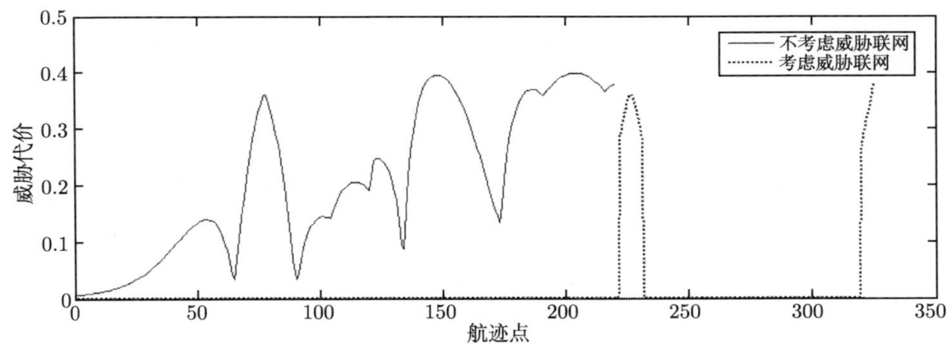

图 4.27 毁伤概率对比结果

基于以上分析可知，考虑威胁联网的航迹规划算法充分考虑了威胁的联网特性，能够有效提高飞行器生存概率，保证无人机能更有效地完成突防任务。

2. *仿真实验二*

在仿真情形 2 的设置下，考虑地形对威胁的影响，使用地形跟随策略，并利用地形遮蔽造成的威胁探测不连续来实现无人机的低空突防。

在本书所建三维航迹搜索策略下，首先，使用基于传统稀疏 A^* 搜索算法规划模型的威胁联网航迹规划算法来完成突防航迹规划，得到的实验结果如图 4.28 和图 4.29 所示。

在安全曲面上获得的三维航迹就是无人机的突防可飞行航迹，如图 4.29 所示。在威胁及其状态不变的情形下，该三维航迹就是无人机在当前威胁状态下的最优突防航迹。

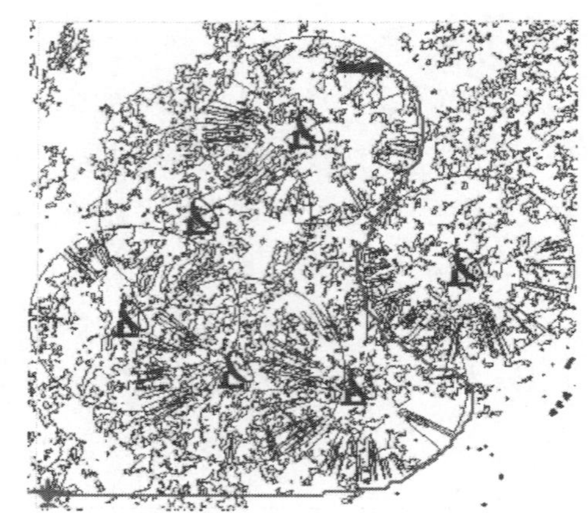

图 4.28　稀疏 A* 搜索规划航迹的俯视图

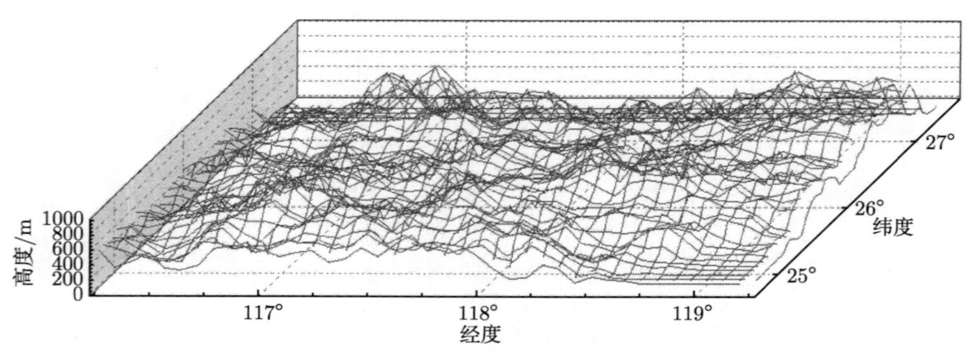

图 4.29　安全曲面上的三维航迹视图

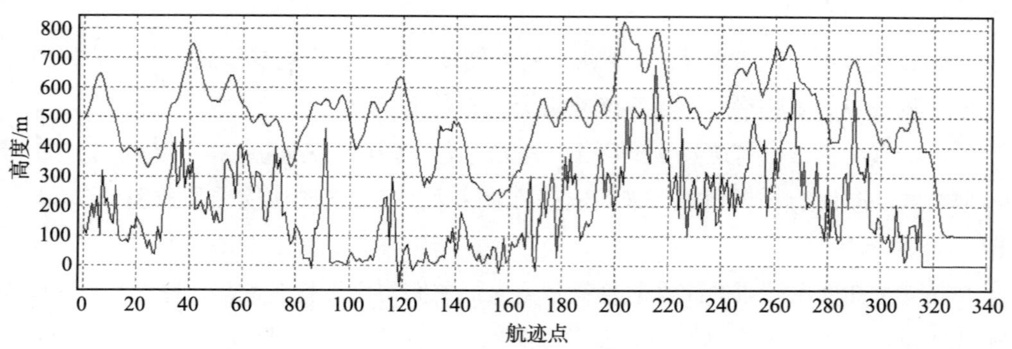

图 4.30　垂直面内的航迹视图

图中上面曲线是规划的飞行航迹，下面曲线是地形高度曲线在各航迹点上，比较飞行航迹曲线和地形高度曲线如图 4.30 所示。分析计算该航迹的航迹倾角变化和角加速度变化分别如图 4.31 和图 4.32 所示。

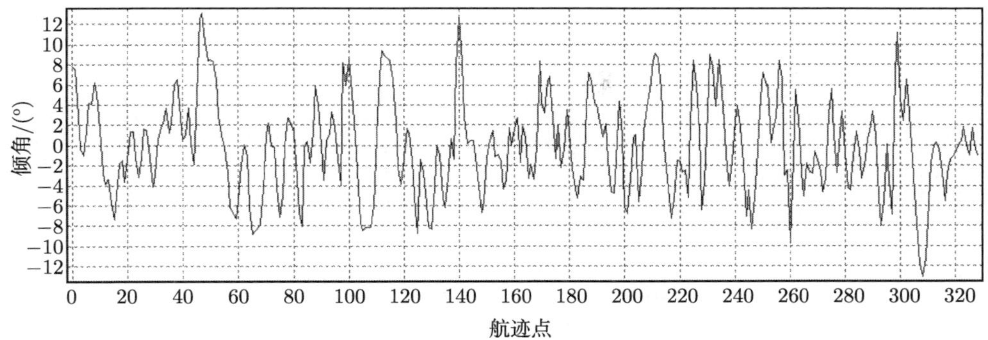

图 4.31 航迹倾角变化示意图

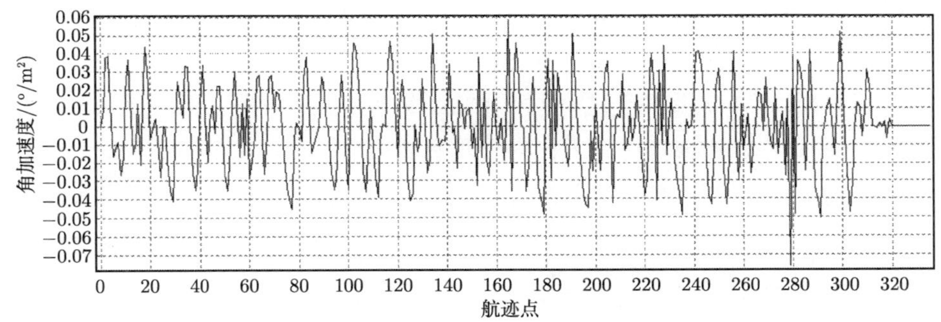

图 4.32 角加速度变化示意图

由图 4.30 和图 4.31 可见，航迹倾角变化范围为 [−12，12]、航迹角加速度变化范围为 [−0.07，0.06]，满足无人机的机动性能约束，因此可以说明采用这种基于安全曲面的三维航迹规划方法是合理有效的。

在整个航迹规划过程中，无人机受到的威胁变化曲线如图 4.33 所示。

由图 4.33 可见，无人机采用了低空突防的地形跟随策略，并且在航迹规划过程中充分考虑了敌方威胁的联网特性，因此在该算法最终规划的突防航迹上不会出现威胁值连续偏高的现象，并使得无人机在一定程度上，可以利用地形遮蔽成功穿越威胁联网内部区域，进而缩短突防的周期。

以上实验结果是在威胁联网中没有突发威胁，并且规划前已知威胁联网的完整、准确信息的情况下得到的，仅仅适合航迹的预先规划等应用领域。面对威胁联网对规划算法的实时性要求，这种静态的规划方法显然具有局限性。

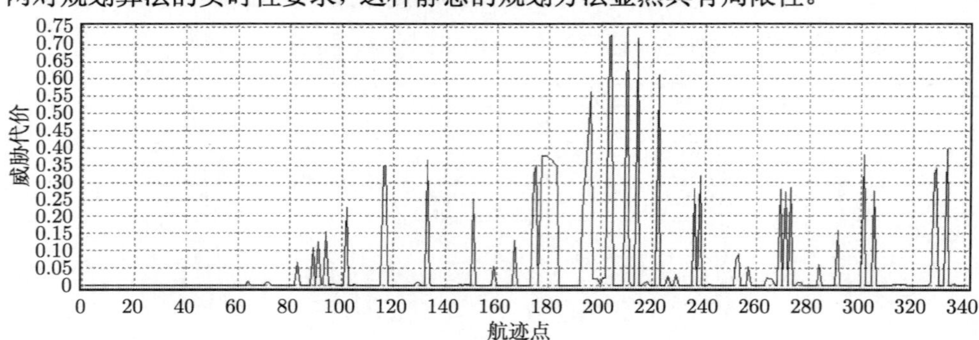

图 4.33　威胁代价变化示意图

3. 仿真实验三

在仿真情形 3 的设置下，不仅考虑地形遮蔽和威胁联网，而且考虑到威胁联网状态的实时变化和突发威胁对威胁态势的影响。

考虑到突发威胁会极大改变威胁联网的威胁态势，并对无人机造成致命威胁，因此在突防过程中还需要考虑无人机对突发威胁采取打击。

这一仿真环境对威胁联网航迹规划算法的实时性提出了较高的要求。因此，可采用所建实时规划算法 —— 基于多步寻优搜索算法规划模型的威胁联网航迹规划算法，来完成威胁联网下的无人机航迹的在线规划与攻击规划。设置多步寻优的搜索步长为 3，规划结果如图 4.34 所示。

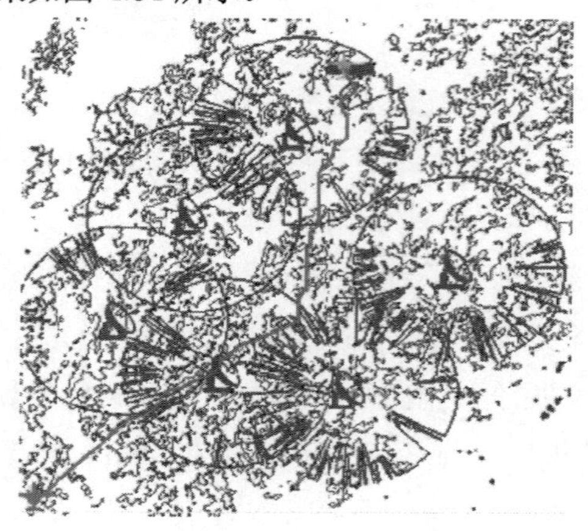

图 4.34　多步寻优搜索的在线规划结果

在以上基础上，考虑突发威胁。在规划过程中，无人机从起点出发，在 t=120s 出现突发威胁时，无人机做出攻击决策并对突发威胁进行打击。在满足机载导弹攻击约束时，无人机完成对突发威胁的攻击，然后再返回执行原来的突防任务。算法在威胁联网下的在线规划与攻击规划结果如图 4.35 所示。

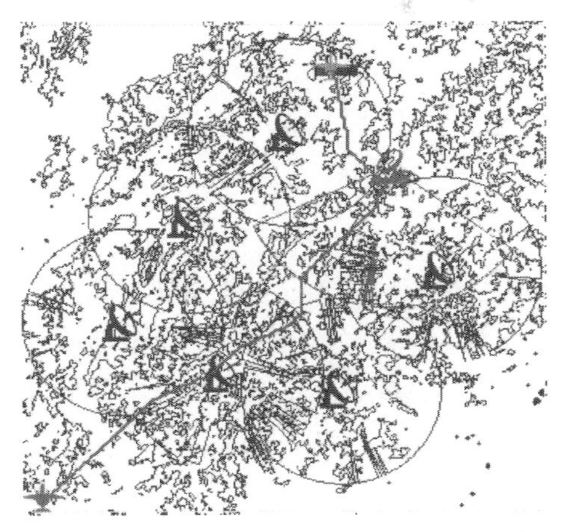

图 4.35 多步寻优搜索的在线攻击规划结果

在上述整个过程中，实时规划的各个航迹点上，无人机受到的威胁变化曲线如图 4.36 所示。

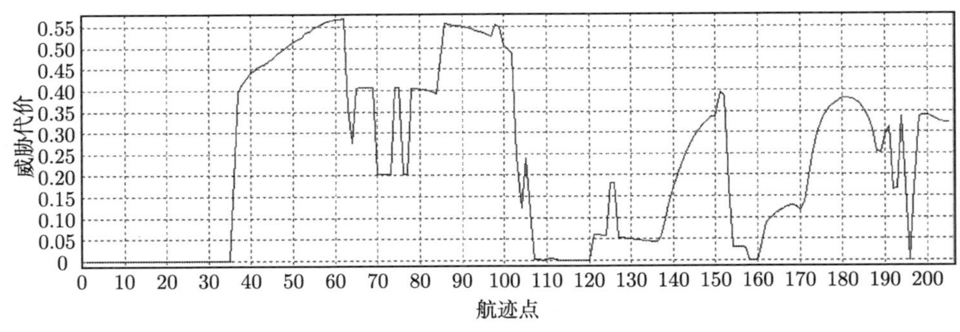

图 4.36 攻击规划的威胁代价变化曲线

分析图 4.36 中的威胁曲线，由于突发威胁的出现与毁伤都会造成威胁态势的变化，当突发威胁在 t=120s 出现时，在威胁联网下无人机的毁伤概率开始升高，威胁代价开始增加，当无人机不可避免地进入突发威胁作用范围内时 (t=128s)，无人机决定对威胁联网中的关键威胁单元 (突发威胁单元) 进行打击，并开始飞向打击目标。在满足攻击区约束后发射导弹攻击目标，在 t=153s 时摧毁突发威胁使无人机受到的威胁代价迅速降低；摧毁突发威胁单元极大地改善了后续一系列航迹点上的威胁态势，从而保证了后续航迹上的安全性。由此可见，出现突发威胁和突发威胁单元被击毁都会对威胁联网的威胁代价产生较大的影响。

4.6　比较与分析

4.6.1　方法对比分析

本书主要针对威胁联网环境下的突防航迹规划相关问题，重点对威胁联网的威胁建模方法、低空突防中的三维航迹搜索策略，以及适应威胁联网环境的实时航迹规划算法这几个方面进行了创新性研究，因此，这里主要针对这几个方面与以往方法进行对比分析。

1. 威胁联网建模对比分析

文献 [3]~[5] 使用相互支援信息表的建模方法，文献 [6] 使用连接度建模方法，本书基于威胁联网 C2 组织信息交互关系建立威胁联网代价评估模型，显然更利于威胁状态的实时更新，能更真实地反应威胁联网的实际威胁代价。

2. 三维搜索策略对比分析

在复杂地形、暂不考虑威胁联网的情况下，在相同的航迹规划算法 (这里采用稀疏 A* 算法) 中，分别采用一般三维航迹搜索策略 —— 即先在水平面完成全部航迹搜索，再将水平规划航迹一次投影到安全曲面而得到三维规划航迹与边投影边规划的三维航迹搜索策略来规划航迹。

这两种方法规划的航迹对比如表 4.4 所示。

表 4.4　航迹性能对比表

方法	航迹节点数	航迹长度/km	完成时间/s	平均威胁代价
传统方法	186	340	8.26	高
本书方法	259	450	12.39	低

这两种方法得到的航迹规划结果如图 4.37 和图 4.38 所示。

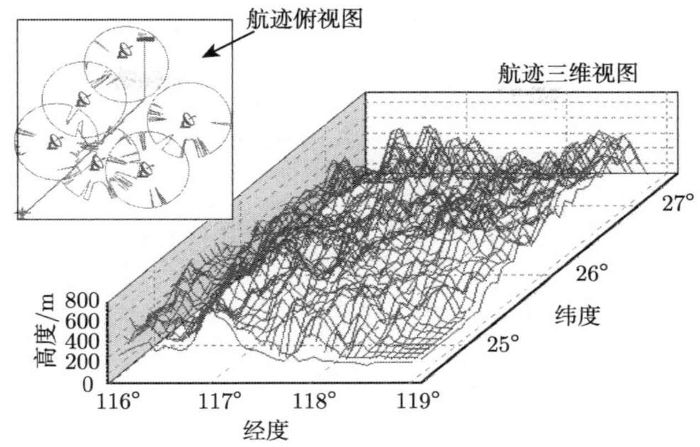

图 4.37 一般航迹搜索策略下的 A* 规划结果

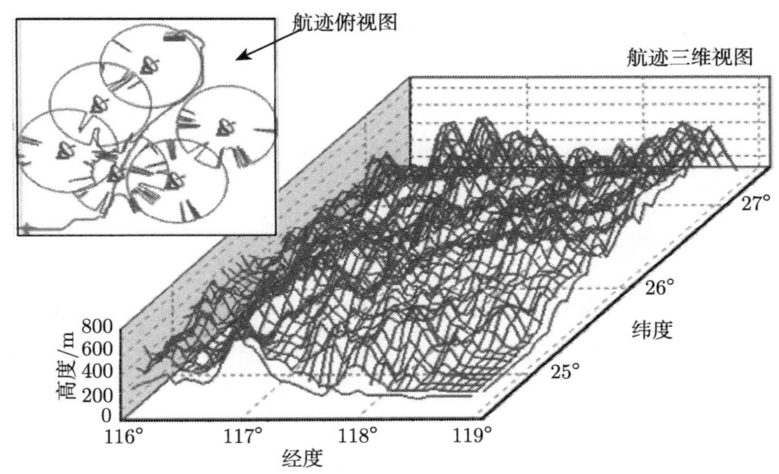

图 4.38 本书航迹搜索策略下的 A* 规划结果

图 4.37 与图 4.38 中的两条航迹上的威胁代价对比如图 4.39 所示。

从图 4.37 和图 4.38 可见，采用一般搜索方法 (传统方法) 得到的三维航迹主要由水平方向的航迹搜索来确定，其规划的航迹选择了一条较短的路径，以尽量使无人机的燃油消耗最小。采用本书三维航迹搜索策略的新搜索方法，在航迹搜索的每一步都先将后续扩展节点投影到安全区面再搜索得到最优航迹点，由图 4.39 可知，这一方法规划的航迹大大提高了无人机突防的生存概率。从表 4.4 可见，由于在每一步规划中都做了节点投影计算，计算量增加，完成规划的时间增加。同时，为保证突防任务的安全，也付出了一些代价 (航迹点增多，消耗的燃油量增加)。而在无人机突防这类任务中，航迹的安全性往往是第一位的，因此，本书所建三维航迹搜索策略更优。

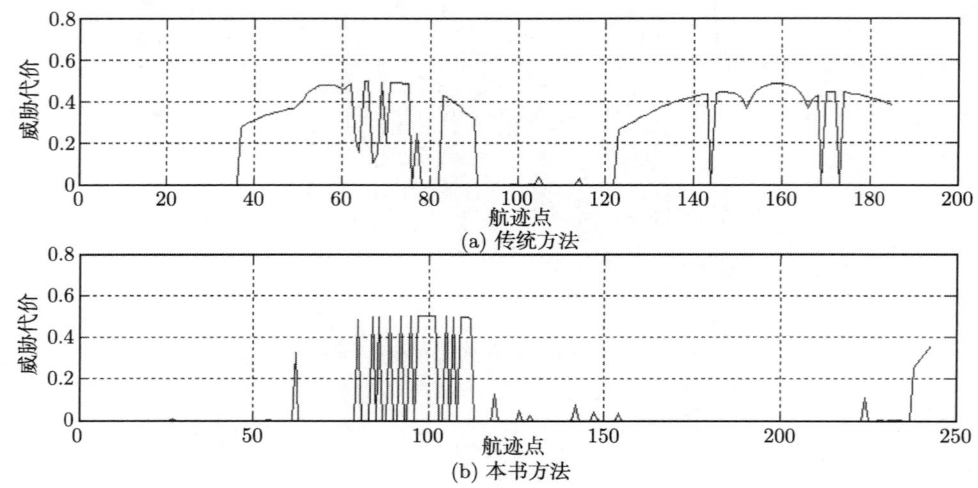

图 4.39 航迹威胁代价对比示意图

3. 算法规划模型分析

算法在考虑地形时，规划出的航迹威胁代价不再是连续的平滑曲线，而是呈现出锯齿形状。这样有效避免了航迹威胁代价持续偏高，使无人机不会被连续探测到，从而保证了突防的安全。

综合实验分析可知，虽然采用改进稀疏 A* 搜索算法规划模型得到的航迹比多步寻优搜索算法规划模型得到的航迹在全局上具有一定优越性，但是这种优越性是牺牲了算法的实时性得来的，且在复杂动态威胁环境下这一优越性是不可靠的。根据实验三的分析，多步寻优搜索算法规划模型能够满足突发威胁环境下的突防航迹规划对实时性的要求，并具有较好的动态环境适应能力。再结合本书的研究背景可知，这种多步寻优搜索算法规划模型对威胁联网下的突防航迹规划是适用并且有效的。

另外，参考本书仿真实验一的实验参数设置，研究多步寻优搜索的搜索步长 $N(1,2,\cdots,24)$ 的取值对算法规划结果的影响，实验结果统计如下。

由图 4.40 可见，搜索步长 N 增大会使算法的预测能力变强，减少绕行路线，从而使路径总长度变短。但是，随着 N 的增加，算法的时间复杂度增加，并且由于采用了单步控制策略 [即将多步预测的控制向量 $(\mu_0, \mu_1, \cdots, \mu_{N-1})$ 简化为 $(\mu_0, 0, \cdots, 0)$]，N 倍步长的预测航迹段成为直线段，造成最终规划的航迹上的平均威胁代价变高。根据这一分析，为了满足实际要求，多步寻优搜索算法的预测步长一般取 3~5 步。

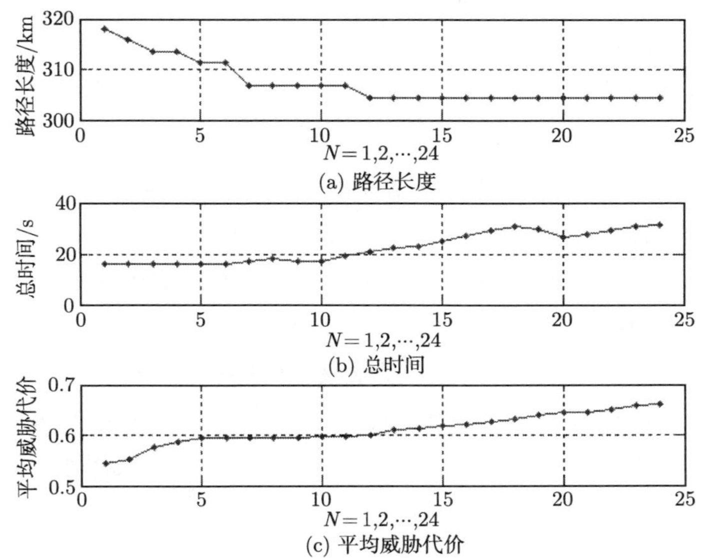

(a) 路径长度

(b) 总时间

(c) 平均威胁代价

图 4.40 搜索步长 N 对规划航迹的影响

4.6.2 结论

综合以上分析，对威胁联网下的无人机规划航迹有以下结论：

(1) 威胁联网大大增加了地面威胁单元的作战效能，且联网密度越大，威胁联网的协作效能越强，即对 UCAV 的毁伤概率越大，考虑威胁联网的算法规划出的航迹会尽量避开联网密度大的威胁区域。

(2) 由于在规划航迹的过程中，对威胁联网的信息交互进行了动态评估，整个航迹规划的完成时间有所增加。在威胁联网中，同时考虑地形遮蔽飞行，又可使飞行的航迹总长度减少，从而可有效提高按照规划航迹飞行的无人机应对威胁联网的能力。由于迎着机头方向的 RCS 值较小的缘故，无人机规划航迹在穿越一个威胁区时，有飞向威胁中心的趋势。

(3) 采用多步寻优搜索算法求解无人机航迹比单步 A* 搜索算法求解的航迹在全局优化性、航迹长度和规划时间方面有所欠缺，但是却具备更好的实时性和适应突发威胁的能力。因此，在威胁联网这一考虑威胁状态实时变化的环境下，具有更好的适用性。

(4) 采用多步寻优搜索算法可完成在线实时规划与重规划，在挂载有制导武器的条件下，当出现突发威胁后，无人机能够自主进行攻击规划，并在满足攻击轨迹终端约束完成目标打击后，可自主返回执行原有任务。

4.7 本章小结

本章首先对威胁联网环境下的无人机航迹规划算法进行了研究，根据无人机在威胁联网中作战可能遇到的问题，针对威胁联网中关键威胁单元的打击问题、地形遮蔽问题、突发威胁下的实时重规划问题，建立了相应的规划模型。然后设计了一种基于地形安全曲面的三维航迹搜索策略，并改进稀疏 A* 算法用于求解威胁联网中的最优路径问题，分析了基于 A* 算法规划模型的威胁联网航迹规划算法。最后，为了提高航迹规划算法对威胁状态的变化的适应能力，借鉴 MPC 的思想，在 LRTA* 搜索算法的基础上，提出了一种多步寻优搜索算法规划模型来完成威胁联网下的实时航迹规划。

本章完成的主要工作有以下几点：

(1) 完成无人机航迹规划模型与规划空间的建模，设计了威胁联网的航迹规划算法结构。

(2) 结合微积分的思想，并引入安全飞行曲面设计了一种三维航迹搜索策略。

(3) 在威胁联网环境下，对采用稀疏 A* 算法规划模型的突防航迹规划进行了研究。

(4) 针对威胁联网的实时航迹规划问题，借鉴 MPC 的思想，提出了一种多步寻优搜索算法规划模型。

(5) 对威胁联网对规划航迹的影响进行了仿真分析。

(6) 对地形影响下的无人机突防作战技术进行了仿真分析。

(7) 对分别基于稀疏 A* 搜索算法和多步寻优搜索算法的两种航迹规划算法的性能进行了分析验证。

(8) 对所提出的威胁联网下的多步寻优搜索算法的规划性能进行了分析，并与传统威胁联网航迹规划方法进行了对比。

第 5 章　多无人机协同攻击联网目标

5.1　多无人机协同攻击问题

由第 4 章的分析可知，威胁联网在一体化的作战模式下，呈现出抗毁/反辐射导弹摧毁的特性，作战效能大大提升。因此，在威胁联网作战环境下，要实现压制敌方防空系统的战略目标，仅仅依靠单架无人机突防作战是无法满足作战需求的。此时，往往需要组织多架无人机组成编队，从不同的机场起飞，并从不同方向实施突防作战，集结到一个或者多个目标位置执行协同打击任务。在整个任务执行过程中，不仅要考虑敌方防空威胁联网的约束，还要考虑无人机平台性能的约束，快速有效地规划每架无人机的可飞航迹。为了达成打击行动的突然性和最大化协同打击的杀伤效果，要求所有无人机能够同时到达各自的目标位置。

多无人机协同攻击问题，一方面以增大无人机生存概率为目标，要求无人机在执行完任务之后能够安全返回，应尽量避开威胁联网的雷达探测和火力杀伤，同时也要求飞行路径尽可能短以节约燃料，保证无人机能够执行完任务后顺利返回；另一方面，以最大化无人机的杀伤效果为目标，则需要协调各架无人机的飞行速度与飞行航迹。因此，在多无人机同时到达的要求下，不能保证每架无人机的飞行航迹都是最优的，但从整体上讲，整个多机编队的协同航迹是最优的或近似最优的。

图 5.1 是典型的多无人机协同攻击任务想定示意图，其中三架无人机要同时到达各自的目标位置执行协同打击任务，图中虚线所示是预先规划好的航迹，在飞行过程中，UAV2 发现突发威胁，需要进行航迹重规划，如图中实线所示，同时 UAV2 通过通信网络与其他无人机进行局部信息交换并协商新的预计到达时间 (estimated time of arrival，ETA)，其他无人机平台也会根据战场环境变化和自身状态变化调整飞行速度和飞行航迹，从而确保所有无人机能够同时到达所有目标位置。

多无人机协同攻击问题是协同控制问题，主要包含两方面内容：① 航迹规划，在本书的研究背景下，即在考虑敌方防空威胁联网、多机协同机制及无人机自身物理性能限制等条件下为每一架无人机规划飞行航迹；② 轨迹控制，为了实现多无人机同时到达各自目标位置的战略目标，需要合理控制无人机的速度和航向。

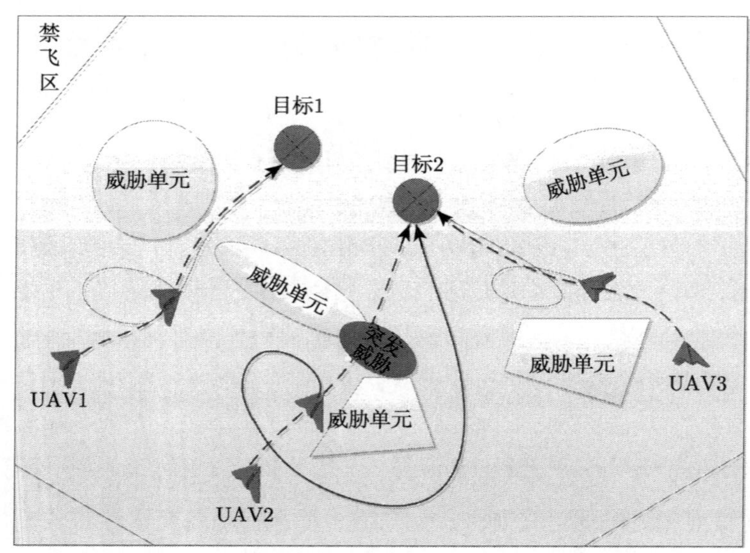

图 5.1　典型多无人机协同攻击任务想定

5.2　分布式求解方法

5.2.1　多机网络通信关系模型

对于一个分布式协同控制无人机系统，多无人机之间通过机间通信链路交换信息，可由一个加权的有向图 $G=(V,E,A)$ 来描述这种用于多无人机之间信息交互的网络拓扑结构。其中，$V=\{v_1,v_2,\cdots,v_n\}$ 为有向图的节点集合，每个节点表示一架无人机平台，且节点序号属于有限集合 $I=\{1,2,3,\cdots,n\}$；$E\subseteq V\times V$ 为有向边集合，边 (v_i,v_j) 表示第 j 架无人机可以将信息发送给第 i 架无人机，由于 G 是有向图，因此一般情况下 $(v_i,v_j)\neq(v_j,v_i)$。定义节点 v_i 的相邻节点集合为 $N_i=\{v_j\in V:(v_i,v_j)\in E\}$，相邻节点集合中对应的无人机平台都可以向无人机 i 发送信息。$A=[a_{ij}]$ 为邻接矩阵，其非负元素 a_{ij} 的取值与有向图 G 中的边相对应，它描述了多无人机通信连接关系，其定义如下：

$$a_{ij}=\begin{cases}\omega_{ij}, & (v_i,v_j)\in E\\ 0, & \text{其他}\end{cases} \tag{5.1}$$

其中，ω_{ij} 为通信链路 (v_i,v_j) 的权重，且 $\omega_{ij}>0$，通常取 $\omega_{ij}=1$。当 $a_{ij}=a_{ji}$ 时，有向图 G 就等效为无向图。

此外，有向图对应的 Laplacian 矩阵 $L=[l_{ij}]$ 也可用来描述其网络拓扑结构，其中，

$$l_{ij}=\begin{cases}\sum\limits_{k=1,k\neq i}^{n}a_{ik}, i=j\\ -a_{ij}, i\neq j\end{cases} \tag{5.2}$$

如图 5.2 所示为多无人机通信拓扑的一个示例。

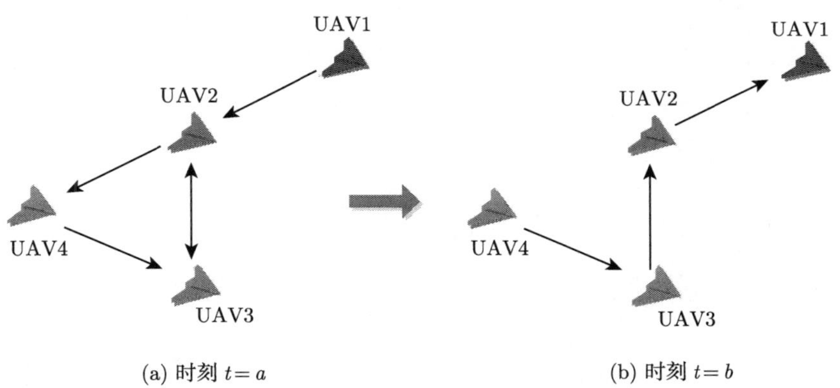

(a) 时刻 $t=a$　　(b) 时刻 $t=b$

图 5.2　多无人机通信拓扑关系

图 5.2(a) 和 (b) 分别表示从 UAV1 到 UAV4 组成的通信网络拓扑在 a、b 两个不同时刻的状态，其中，网络拓扑分别表示为 G_a、G_b，即

$$G_a=(V_a,E_a,A_a),\quad G_b=(V_b,E_b,A_b)$$

对应的顶点集合分别表示为 V_a、V_b，即

$$V_a=\{v_1,v_2,v_3,v_4\},\quad V_b=\{v_1,v_2,v_3,v_4\}$$

对应的边集合分别为 E_a、E_b，即

$$E_a=\{(2,1),(2,3),(2,4),(3,2),(3,4)\},\quad E_b=\{(1,2),(2,3),(3,4)\}$$

对应的邻接矩阵分别为 A_a 和 A_b，即

$$A_a = \begin{bmatrix} 0 & 0 & 0 & 0 \\ 1 & 0 & 1 & 1 \\ 0 & 1 & 0 & 1 \\ 0 & 0 & 0 & 0 \end{bmatrix}, \quad A_b = \begin{bmatrix} 0 & 1 & 0 & 0 \\ 0 & 0 & 1 & 0 \\ 0 & 0 & 0 & 1 \\ 0 & 0 & 0 & 0 \end{bmatrix}$$

对于一个有向通信拓扑图来说，如果这个有向图含有一簇有向生成树，则说明其中至少有一个节点的信息能传递到系统中的任意节点，那么其对应的多无人机系统就能实现状态一致。这一结论对于本书后续设计多无人机协同控制一致性算法是十分关键的。

5.2.2 分布式控制结构

在威胁联网这样复杂的作战环境下，战场态势瞬息万变，多无人机协同控制体系结构不仅应具备鲁棒性、可靠性和稳定性高的优点，还应有能够适应动态变化的战场环境的能力。研究现有文献发现，多无人机协同控制体系结构主要分为集中式控制和分布式控制两种 [65,66]。集中式控制体系结构固然有其优点，中央控制单元能够掌握所有信息，做出全局最优的战术决策和任务分配，统筹指挥所有作战单元，但这种集中式控制体系结构的缺点也是很明显的，系统功能过于依赖中央控制单元，若其被敌方发现并摧毁，则整个系统的作战能力将大打折扣。并且，中央控制单元的计算负荷太大，也不利于实时在线规划。

显然，集中式控制体系结构已经无法满足威胁联网下的作战需求。为此，本书设计了多无人机协同攻击分布式控制结构，每架无人机平台是一个相对独立的作战单元，具备自主计算的能力，能够根据当前战场信息和自身状态信息做出战术决策，通过机间通信网络与其他无人机交换信息，实现任务协调和协同作战，并能支持个体动态加入或退出。显然，这种控制模式极大增强了多无人机系统的鲁棒性、灵活性、可靠性和容错性。

如图 5.3 所示，其中第 i 架无人机的预计到达时间 t^i_{ETA} 为协调变量。航迹规划器 (path plan, PP) 根据无人机状态信息和地面防空威胁联网信息来规划航迹；航迹平滑器 (path smooth, PS) 通过接收航迹规划器输出的航路点序列，按照运动学模型和无人机平台性能约束平滑航迹，从而产生可飞航迹；分布式协调器 (distributed coordinate, DC) 通过分布式通信网络接收相邻无人机的 ETA，应用一

致性控制算法产生速度调节指令 v^c，通过调整自身飞行速度来协调 ETA，再根据规划出的航迹以及运动学模型计算航向调节指令 φ^c、γ^c；自动驾驶仪 (autopilot, AP) 通过接收速度调节指令 v_i^c 和航向调节指令 φ_i^c、γ^c 控制无人机平台运动。

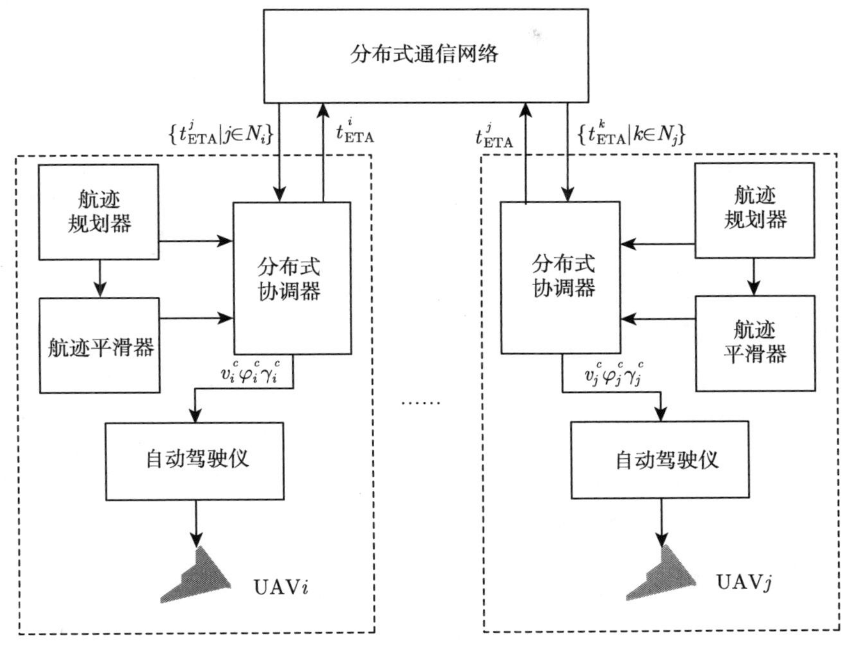

图 5.3 分布式控制结构

采用这种分布式控制结构有以下几个优点。

(1) 增加了信息传递的有效性。在该分布式控制结构下，对于多机协同攻击来说，各无人机之间通信交换的信息主要是 ETA，并不需要其他冗余信息，这样就极大减小了信息传输的负担，提高了信息传递的有效性。

(2) 简化了整个协同攻击问题的求解流程。该框架对航迹规划没有太高的要求，不要求每架无人机的航迹都达到个体最优，而是通过轨迹控制来实现多机同时到达。

(3) 提升了多无人机系统的动态响应能力。只要在分布式协调器模块设计有效策略，就能够避免受限通信条件对系统整体性能带来的影响。

显然，航迹规划器和分布式协调器是整个控制结构的两个核心部分，下面将对其进行具体分析建模。

5.3 航迹规划算法

航迹规划是根据地形信息，综合考虑战场环境、任务需求和禁飞区等多种因素，找出从起始点到目标点的满足飞行器自身性能约束的最优飞行路径 [67]。即在约束条件下，获得从起点到终点的最优飞行航迹，是一类有约束的非线性优化问题。

$$\begin{cases}\min f(x)\\ \text{s.t.}\, x\in S\end{cases}\tag{5.3}$$

式中，$f(x)$ 为目标函数，$x=(x_1,x_2,x_3,\cdots,x_n)^{\mathrm{T}}\in R$ 为决策变量；$S\subseteq R^n$ 为约束集或可行域，一般包含了等式约束和不等式约束。

单无人机航迹规划现已有很多研究比较成熟的算法，如启发式 A* 搜索算法、蚁群算法、粒子群算法和动态规划方法等，同时也衍生了众多改进算法。多无人机协同航迹规划是在单无人机航迹规划基础上考虑各无人机的飞行时间、避撞策略和战术攻击策略等，规划出多条无人机的飞行航迹。本书将以改进稀疏 A* 算法为基础，结合威胁联网设计多机协同航迹规划算法。

5.3.1 代价函数设计

A* 算法作为一种启发式算法，它利用启发信息加快算法的搜索效率，因此运行时间短，很适合威胁联网下的攻击轨迹规划。本书将以改进稀疏 A* 算法为基础，结合威胁联网设计多机协同航迹规划算法。

A* 算法代价函数的形式如下：

$$f(n)=g(n)+h(n)\tag{5.4}$$

如式 (5.4) 所示，其代价函数 $f(n)$ 由已消耗代价 $g(n)$ 和估计代价 $h(n)$ 组成。设计代价函数时，要综合考虑威胁信息和航迹长度信息。在多机协同的研究背景下，还应考虑机间安全距离。考虑由 m 架无人机组成的多机编队执行协同攻击任务，本书设计第 i 架无人机的代价函数为

$$g_i(n)=g_i(n-1)+\omega_1 f_{\mathrm{threat},i}+\omega_2 f_{\mathrm{dist},i}+\omega_3 f_{\mathrm{safe},i}\tag{5.5}$$

式中，$g_i(n-1)$ 是第 i 架无人机当前节点的上一节点的最小代价函数；$f_{\mathrm{threat},i}$、$f_{\mathrm{dist},i}$ 和 $f_{\mathrm{safe},i}$ 分别表示第 i 架无人机的威胁代价、燃油代价和机间安全距离代价；ω_1、ω_2、ω_3 表示相应的权值，且满足 $\omega_1+\omega_2+\omega_3=1$。

对于威胁代价 $f_{\text{threat},i}$，考虑式 (3.26) 建立的无人机突防概率模型，设计威胁代价如下：

$$f_{\text{threat},i} = 1 - P_{\text{T},i} = P_{\text{NET},i} \times P'_{\text{k},i} \times (1-\pi) \tag{5.6}$$

式中，$P_{\text{T},i}$ 为第 i 架无人机对威胁联网的突防概率；$P_{\text{NET},i}$ 为威胁联网对第 i 架无人机的组网探测概率；$P'_{\text{k},i}$ 为威胁联网对第 i 架无人机的导弹协同杀伤概率。

$f_{\text{dist},i}$ 为前后两节点之间的燃油代价，主要考虑飞行距离，可设为

$$f_{\text{dist},i} = \frac{\sqrt{(x_{n,i}-x_{n-1,i})^2+(y_{n,i}-y_{n-1,i})^2+(h_{n,i}-h_{n-1,i})^2}}{\sqrt{(x_{\text{e},i}-x_{\text{s},i})^2+(y_{\text{e},i}-y_{\text{s},i})^2+(h_{\text{e},i}-h_{\text{s},i})^2}} \tag{5.7}$$

式中，$(x_{n,i}, y_{n,i}, h_{n,i})$ 和 $(x_{n-1,i}, y_{n-1,i}, h_{n-1,i})$ 分别为第 i 架无人机的当前节点和上一节点坐标，$(x_{\text{s},i}, y_{\text{s},i}, h_{\text{s},i})$ 和 $(x_{\text{e},i}, y_{\text{e},i}, h_{\text{e},i})$ 分别为第 i 架无人机起始点和目标点坐标。

对于机间安全距离代价 $f_{\text{safe},i}$，设为

$$f_{\text{safe},i} = \sum_{j=1,j\neq i}^{m} S(i,j) \tag{5.8}$$

式中，

$$S(i,j) = \begin{cases} +\infty, \text{dis}(i,j) < \text{safe\_dis} \\ 0, \text{dis}(i,j) \geqslant \text{safe\_dis} \end{cases} \tag{5.9}$$

式中，$\text{dis}(i,j)$ 表示当前第 i 架无人机与第 j 架无人机的距离；safe_dis 表示安全距离。安全距离代价的意义就是限制不同无人机之间的机间距离大于安全距离。

估计代价 $h(n)$ 又称为启发函数，在算法中用来确保算法节点扩展是向着目标节点方向的，设计合适的估计代价对算法的可靠与快速收敛非常重要。本书考虑当前节点与目标节点之间的欧式距离来设计 $h(n)$，归一化后可得

$$h_i(n) = \frac{\sqrt{(x_{\text{e},i}-x_{n,i})^2+(y_{\text{e},i}-y_{n,i})^2+(h_{\text{e},i}-h_{n,i})^2}}{\sqrt{(x_{\text{e},i}-x_{\text{s},i})^2+(y_{\text{e},i}-y_{\text{s},i})^2+(h_{\text{e},i}-h_{\text{s},i})^2}} \tag{5.10}$$

5.3.2 算法流程设计

根据上面设计的代价函数，本书设计的基于改进稀疏 A* 算法的多无人机协同航迹规划算法流程如图 5.4 所示。

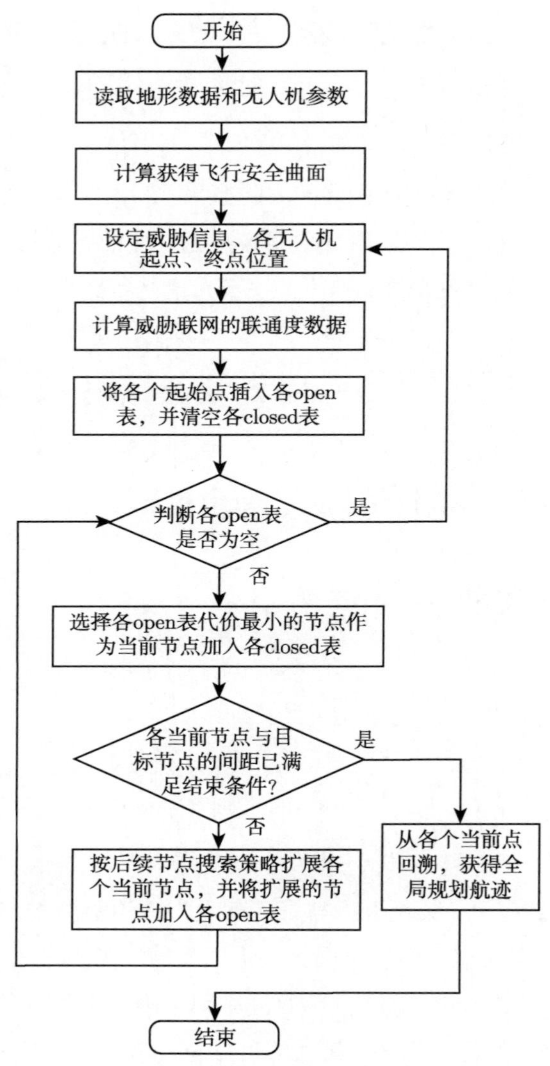

图 5.4　航迹规划算法流程

5.4　一致性控制算法

航迹规划完成之后，就要研究如何通过协调各无人机的飞行速度来实现轨迹控制的问题，必要时还可附加航迹重规划与盘旋机动来实现同时到达。

不失一般性，设任务开始的时刻为时间轴的零点，即 $t=0$ 时刻，之后各无人机开始沿着各自飞行航迹飞行。设 L_i 为第 i 架无人机在 t 时刻距离目标位置的剩余路径长度，v_i 为第 i 架无人机在 t 时刻的飞行速度，则

$$\dot{L}_i = -v_i \tag{5.11}$$

于是，在 t 时刻，可以推算出第 i 架无人机预计到达时间为

$$t_{\mathrm{ETA}}^i = L_i/v \tag{5.12}$$

令第 i 架无人机的飞行总时间为

$$T_{\mathrm{ETA}}^i = t + L_i/v_i = t + t_{\mathrm{ETA}}^i \tag{5.13}$$

显然有

$$T_{\mathrm{ETA}}^i - T_{\mathrm{ETA}}^j = t_{\mathrm{ETA}}^i - t_{\mathrm{ETA}}^j \tag{5.14}$$

多机协同攻击的控制目标就是使所有无人机的飞行总时间趋于一致，即

$$T_{\mathrm{ETA}}^i \to T_{\mathrm{ETA}}^j, \forall i, j \in I \tag{5.15}$$

或者所有无人机的预计到达时间趋于一致，即

$$t_{\mathrm{ETA}}^i \to t_{\mathrm{ETA}}^j, \forall i, j \in I \tag{5.16}$$

对式 (5.13) 作微分运算，有

$$\dot{T}_{\mathrm{ETA}}^i = 1 + \frac{v_i\dot{L}_i - \dot{v}_i L_i}{v_i^2} = -\frac{a_v(v_i^c - v_i)}{v_i^2} L_i \tag{5.17}$$

进一步整理可得速度参考指令

$$v_i^c = v_i - \frac{v_i \dot{T}_{\mathrm{ETA}}^i}{a_v t_{\mathrm{ETA}}^i} \tag{5.18}$$

5.4.1 基本一致性控制算法

采用一阶微分方程描述无人机的状态：

$$\dot{\xi}_i = u_i, \forall i = 1, 2, \cdots, n \tag{5.19}$$

式中，$\xi_i \in R^m$ 为第 i 架无人机的状态变量；$u_i \in R^m$ 为第 i 架无人机的控制输入。如果对于任意初值 $\xi_i(0)$ 和 $\forall i, j = 1, 2, \cdots, n$，当 $t \to \infty$ 时，$\|\xi_i - \xi_j\| \to 0$，则称多无人机系统状态达到一致。采用如下基本一致性控制算法 [68]：

$$u_i = -\sum_{j \in N_i} a_{ij}(\xi_i - \xi_j) \tag{5.20}$$

式中，a_{ij} 为邻接矩阵 A 中相应的元素。

在基本一致性控制算法下，多无人机系统的状态方程用矩阵表示为

$$\begin{cases} \dot{\xi} = U \\ U = -[L \otimes I_m]\xi \end{cases} \tag{5.21}$$

式中，$\xi = [\xi_1^{\mathrm{T}} \xi_2^{\mathrm{T}} \cdots \xi_n^{\mathrm{T}}]^{\mathrm{T}}$；$L$ 为 Laplacian 矩阵；$\otimes$ 表示 Kronecker 积。

引理 1[69−70]　在时不变通信拓扑条件下，基于式 (5.21) 的多无人机系统状态实现一致的充要条件为有向通信拓扑图 G 含有一簇有向生成树，其代数判据为 $\mathrm{Re}[\lambda_2(L)] > 0$。

对于式 (5.18)，令 $\xi_i = T_{\mathrm{ETA}}^i$，则该式可改写为

$$v_i^c = v_i - \frac{v_i u_i}{a_v t_{\mathrm{ETA}}^i} \tag{5.22}$$

式中，u_i 为一致性算法产生的控制输入。由此可见，产生速度调节指令的关键就是设计有效的一致性控制算法，这是求解多无人机协同攻击问题的核心。

5.4.2　有虚拟 Leader 的一致性控制算法

在多无人机协同状态估计和编队控制等领域，群体 Leader 和虚拟 Leader[71] 有着重要应用，它们能够用来协调群体整体的行为。在本书的研究背景下，可设计如下含虚拟 Leader 的分布式控制方法：

$$\begin{cases} v_i^c = v_i - \dfrac{v_i u_i}{a_v t_{\mathrm{ETA}}^i} \\ u_i = -\beta_i(\xi_i - \xi_0) - \displaystyle\sum_{j \in N_i} a_{ij}(\xi_i - \xi_j) \end{cases} \tag{5.23}$$

式中，系数 β_i 表示接收到虚拟 Leader 信息的第 i 架无人机的权重系数。若第 i 架无人机接收到虚拟 Leader 的信息，则 $\beta_i > 0$；否则，$\beta_i = 0$。

令 L' 为引入虚拟 Leader 之后的 Laplacian 矩阵，则多无人机系统的状态方程用矩阵表示为

$$\begin{cases} \dot{\xi} = U \\ U = -[L' \otimes I_m]\xi \end{cases} \tag{5.24}$$

根据引理 1 可以推论，在时不变通信拓扑条件下，基于式 (5.24) 的多无人机系统状态实现一致的充要条件为含有虚拟 Leader 的有向通信拓扑图中含有一簇有向生成树。该方法假设有一架作为虚拟 Leader 的无人机来引导其他无人机运动，其运动特性与真实无人机一样。由于虚拟 Leader 没有相邻无人机，因此其他无人机的状态无法影响虚拟 Leader 运动，要想改变其运动状态，地面操作员只能通过改变其速度协调指令 v_0^c 来实现。一般只有部分无人机能够接收到虚拟 Leader 的协调变量信息，通信拓扑如图 5.5 所示。在引入虚拟 Leader 的一致性控制算法下，所有无人机的 ETA 将与虚拟 Leader 的 ETA 趋于相同。因此，在多无人机协同攻击问题中，采用此算法便可实现各无人机按照预先指定的时刻执行协同攻击任务。

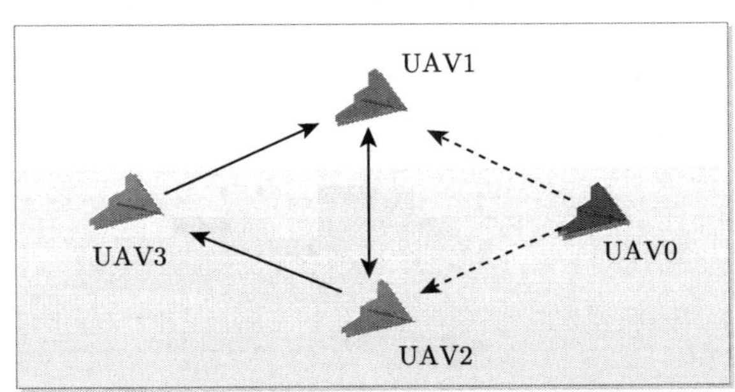

图 5.5 有虚拟 Leader 的多无人机通信拓扑

5.4.3 带参快速一致性控制算法

在威胁联网的复杂战场环境下，战场态势瞬息万变，多无人机协同控制的有效性体现在多无人机系统不仅能够应对动态变化的任务环境，还能够快速调整平台状态，实现任务状态一致，这就要求无人机随着作战任务和战场环境的改变快速实现状态一致。因此，为了保障多无人机系统执行作战任务时的信息优势和决策优势，需要研究合理有效的方法实现系统状态快速地达到一致。

近年来，众多国内外学者对多智能体一致性问题展开了大量研究，其中热点问题之一就是多智能体系统的收敛速度问题。现有研究表明，影响系统一致性收敛速

度的因素主要有两个：一个是多智能体系统的通信网络拓扑结构 [72,73]，通信网络拓扑结构的连通度是衡量系统信息交换能力的最重要指标，其数值越大表示系统信息交换能力越强，系统收敛速度也就越快；另一个是一致性控制算法 [74,75]，为了提高系统的收敛速度，还可以通过设计更为有效的控制输入来实现。但是，如果想要增加系统通信拓扑结构的代数联通度，往往需要增加额外通信量，这在任务环境复杂、平台通信负荷有限的情况下，对多无人机系统是不适用的。因此，需要研究在不改变通信网络拓扑结构和增加过多通信量的前提下，改变控制策略来提高系统收敛速度。

引理 2　对于类似于式 (5.21) 的多智能体系统，系统收敛速度与 Laplacian 矩阵的最小非零特征值 λ_2 相关 [70]。λ_2 是用来衡量多智能体系统收敛速度最小值的一个重要指标，λ_2 越大，多智能体系统收敛速度越快。

在系统取得一致性的过程中，为了加快系统的收敛，控制策略中采用参照智能体的状态值 [如式 (5.20) 中的 ξ_i] 可能不是最好的选择，而如果取参照智能体状态的数倍，则可能会获得更快的收敛速度，已有大量数值仿真实验证明了这一点 [76]。由此，设计如下控制算法：

$$u_i = -\sum_{j\in N_i} a_{ij}(r\xi_i - \xi_j) = \sum_{j\in N_i} a_{ij}(\xi_j - r\xi_i) \tag{5.25}$$

整理得

$$u_i = \sum_{j\in N_i} a_{ij}(\xi_j - r\xi_i) = \sum_{j\in N_i} a_{ij}(\xi_j - \xi_i) - (r-1)\sum_{j\in N_i} a_{ij}\xi_i \tag{5.26}$$

则在式 (5.25) 控制算法下，多无人机系统的状态方程用矩阵表示为

$$\begin{cases} \dot{\xi} = U \\ U = -[(L+D)\otimes I_m]\xi \end{cases} \tag{5.27}$$

式中，$D=(r-1)\mathrm{diag}(l_{11},\cdots,l_{nn})$。

定理 1　在时不变通信拓扑条件下，有向通信拓扑图 G 含有一簇有向生成树是基于式 (5.27) 的多无人机系统状态实现一致的一个充分条件，若 G 是对称的，则较式 (5.24)，系统能够更快地实现状态一致。

证明　设 Laplacian 矩阵的特征根为 $\lambda_1,\lambda_2,\cdots,\lambda_n$。若有向通信拓扑图 G 含有一簇有向生成树，则有

$$\lambda_1 = 0, 0 < \mathrm{Re}(\lambda_2) \leqslant \cdots \leqslant \mathrm{Re}(\lambda_n)$$

进一步，Laplacian 矩阵是对称的，则 Laplacian 矩阵就是半正定的，那么有

$$0 < \lambda_2 \leqslant \cdots \leqslant \lambda_n$$

则存在一个非奇异矩阵 P，使得 Laplacian 矩阵可以表示为

$$L = P^{-1}\begin{bmatrix} 0 & & & \\ & \lambda_2 & & \\ & & \ddots & \\ & & & \lambda_n \end{bmatrix} P$$

从而有

$$L + D = P^{-1}\begin{bmatrix} (r-1)l_{11} & & & \\ & \lambda_2 + (r-1)l_{22} & & \\ & & \ddots & \\ & & & \lambda_n + (r-1)l_{nn} \end{bmatrix} P$$

显然，对于任意 $r > 1$，有 $\lambda_2^* = \lambda_2 + (r-1)l_{22} \geqslant \lambda_2$。即在相同通信拓扑结构下，基于式 (5.27) 的多无人机系统具有更大的次小特征值，根据引理 2，与基于式 (5.24) 的系统比，收敛速度更快。

5.4.4 带状态观测器的一致性控制算法

根据文献 [77]，还可通过设计状态预测器来提高系统收敛速度，基本思想是：每架无人机对自身的未来状态进行预测，通过局部信息交换将预测状态传递给相邻无人机，再利用预测状态构造控制算法，从而使多无人机系统状态更快地达到一致。

引入状态预测器 $\dot{\xi}^{\mathrm{P}} = -(L \otimes I_m)\xi$ 以预测无人机系统的状态，将 $\dot{\xi}^{\mathrm{P}}$ 加入一致性控制算法中改变其控制输入，有助于多无人机系统状态更快地演化到一致。加入状态预测补偿之后，设计如下控制算法：

$$\begin{aligned} u_i &= -\sum_{j\in N_i} a_{ij}(\xi_i - \xi_j) + \gamma \sum_{j\in N_i} a_{ij}(\dot{\xi}_i^{\mathrm{P}} - \dot{\xi}_j^{\mathrm{P}}) \\ &= -\sum_{j\in N_i} a_{ij}(\xi_i - \xi_j) - \gamma \left[\sum_{j\in N_i}\sum_{k\in N_i} a_{ij}a_{ik}(\xi_i - \xi_k) - \sum_{j\in N_i}\sum_{p\in N_j} a_{ij}a_{jp}(\xi_j - \xi_p)\right] \end{aligned} \tag{5.28}$$

式中，γ 为状态预测器的影响因子。

在一致性控制算法式 (5.28) 下，多无人机系统状态方程用矩阵表示为

$$\begin{cases} \dot{\xi} &= U \\ U &= -\left[L \otimes I_m\right] + \gamma\left[L \otimes I_m\right]\dot{\xi}^{\mathrm{P}} \\ &= -\left[(L + \gamma L^2) \otimes I_m\right]\xi \end{cases} \tag{5.29}$$

类似于定理 1，本书给出基于式 (5.29) 的多无人机系统一致性收敛判据。

定理 2　在时不变通信拓扑条件下，基于式 (5.29) 的多无人机系统状态实现一致的充分条件为有向通信拓扑图 G 含有一簇有向生成树，且 G 是对称的，较式 (5.24)，系统能够更快地实现状态一致。

证明　证明过程也与定理 1 类似。由 Laplacian 矩阵是半正定的可知，存在一个非奇异矩阵 P，使得 Laplacian 矩阵可以表示为

$$L = P^{-1}\begin{bmatrix} 0 & & & \\ & \lambda_2 & & \\ & & \ddots & \\ & & & \lambda_n \end{bmatrix}P$$

从而

$$L + \gamma L^2 = P^{-1}\begin{bmatrix} 0 & & & \\ & \lambda_2 + \gamma\lambda_2^2 & & \\ & & \ddots & \\ & & & \lambda_n + \gamma\lambda_n^2 \end{bmatrix}P$$

则对于任意 $\gamma > 0$，有 $\lambda_2^* = \lambda_2 + \gamma\lambda_2^2 > \lambda_2$。即在相同通信拓扑条件下，含状态观测器的多无人机系统有更大的次小特征值，根据引理 2，较无状态观测器的系统式 (5.24)，能够更快地实现状态一致。

5.5　分布式求解步骤

根据 5.4 节的分析与证明，本书设计新的一致性算法如下：

$$u_i = -\beta_i(\xi_i - \xi_0) - \sum_{j\in N_i} a_{ij}(r\xi_i - \xi_j) + \gamma\sum_{j\in N_i} a_{ij}(\dot{\xi}_i^{\mathrm{P}} - \dot{\xi}_j^{\mathrm{P}}) \tag{5.30}$$

显然，该算法集成了上述多种算法的优点，既能灵活地控制无人机的运动，又能快速地实现无人机的任务协同，是威胁联网下实现多无人机协同作战的有效控制方法。

综上所述，本书设计多无人机协同攻击任务规划的求解步骤如下。

步骤 1：根据敌方防空威胁联网、禁飞区和平台性能等约束条件，计算每架无人机的飞行路径航路点序列：

$$\text{Path}_i = \{\text{start}_i, \text{waypoint}_i^1, \cdots, \text{end}_i\}, i = 1, 2, \cdots n$$

步骤 2：计算每架无人机的航迹长度 L_i，从而求得速度约束式 (3.3) 下 ETA 的范围。定义集合 $T_{\text{ETA}}^i = \{L_i/v_{\max}, L_i/v_{\min}\}$，若

$$T_{\text{ETA}}^1 \cap T_{\text{ETA}}^2 \cap \cdots \cap T_{\text{ETA}}^n \neq \varnothing$$

则执行步骤 3；否则，跳转至步骤 1。

步骤 3：计算每架无人机通过分布式通信网络与相邻无人机交换协调变量，即预计到达时间 T_{ETA}^i。

步骤 4：由式 (5.22)，根据一致性控制算法，计算速度调节指令 v_i^c。

步骤 5：利用规划出的航迹信息和运动学模型，计算航向调节指令 φ_i^c 和 γ^c。

步骤 6：将速度调节指令 v_i^c 与航向调节指令 φ_i^c、γ^c 发送给自动驾驶仪，实现对无人机平台的速度和航向控制。若各无人机同时到达目标点，则算法结束；若遇到突发威胁，则跳转至步骤 1 进行航迹重规划。

5.6 多机协同攻击联网目标仿真实验

5.6.1 仿真参数设置

为了验证本书算法的有效性，在 VC++6.0 的环境下建立多机协同攻击仿真环境。设定 3 架无人机均挂载两枚某型反辐射导弹，从 3 个不同机场起飞组成多无人机编队，同时对敌两个目标执行协同打击任务，起始点位置分别为 (116.28°E，24.78°N)、(117.18°E，24.71°N) 和 (118.36°E，24.67°N)，目标点位置分别为 (117°E，24.47°N)、(117.72°E，26.20°N) 和 (118.10°E，26.20°N)。无人机平台性能约束为：最小飞行速度 120m/s，最大飞行速度 250m/s，最小转弯半径 5km，最大爬升角为

60°，俯冲角为 30°，安全飞行高度 50m，自动驾驶仪相关系数 $a_v = 0.2$，$a_\varphi = a_\gamma = 0.05$。已知无人机所携带反辐射导弹的火力杀伤半径为 5km，发射导弹的偏离角约束 $|\phi| < 30°$；RCS 计算模型中的经验参数取 $(a, b, c) = (0.3172, 0.1784, 1.003)$；无人机的作战区域设置为正方形区域，其西南角顶点经纬度坐标为 (116.3°E，24.7°N)，区域边长为 100km。利用 DEM 导入规划空间内的地形数据，并将规划空间分解为 200×200 的栅格。

威胁联网的信息为：威胁联网系统已知的威胁单元一共有 6 个，且在某些情况下可能还存在突发的威胁单元，各个威胁单元的设计如表 5.1 所示。威胁联网由 6 部某种同型号的导弹防御系统组成，这种导弹防御系统的雷达模型参数为 $c_1 = 1.01$，$c_2 = 1.25 \times 10^{-18}$。设置地空导弹系统所组成的威胁联网的网络环境参数如表 5.1 所示，并且假设威胁单元之间的信息交互所产生的指示信息量为每秒 8 个单位量，产生协作信息为每秒 10 个单位量，威胁单元之间的各链路容量大小相等，设为 101 个单位量，而无人机的一次任务规划周期设为 1s。

表 5.1　威胁单元位置与类型表

威胁名	经纬度坐标	威胁类型
威胁单元 1	116.9°E，26°N	已知威胁
威胁单元 2	117°E，25.5°N	已知威胁
威胁单元 3	117.6°E，25.4°N	已知威胁
威胁单元 4	118.9°E，27°N	已知威胁
威胁单元 5	118°E，26.4°N	已知威胁
威胁单元 6	117.2°E，26.7°N	已知威胁
威胁单元 7	116.9°E，26°N	突发威胁

威胁联网与威胁不联网的拓扑结构如图 5.6 所示。

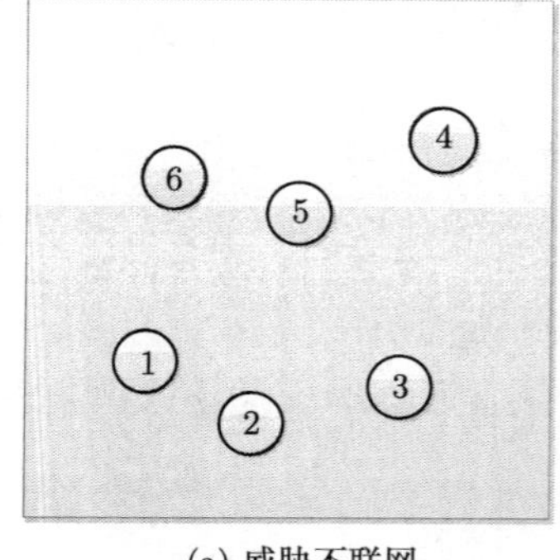

(a) 威胁不联网

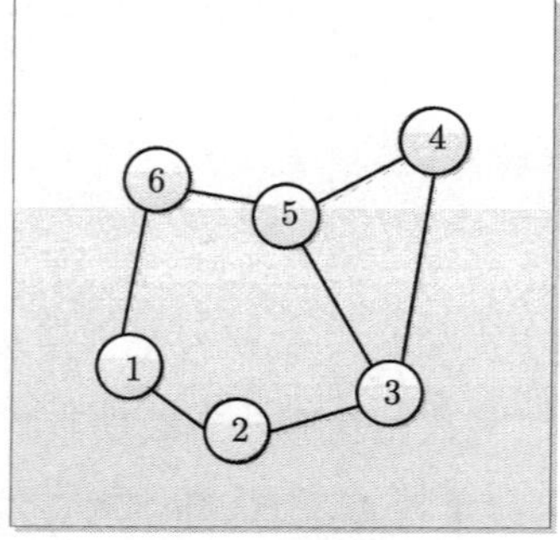

(b) 威胁联网

图 5.6　威胁网络拓扑结构

5.6.2 航迹规划仿真结果

采用 5.3 节所述的多机协同航迹规划算法，分别在威胁不联网和威胁联网下得到规划结果，如图 5.7 和图 5.8 所示。

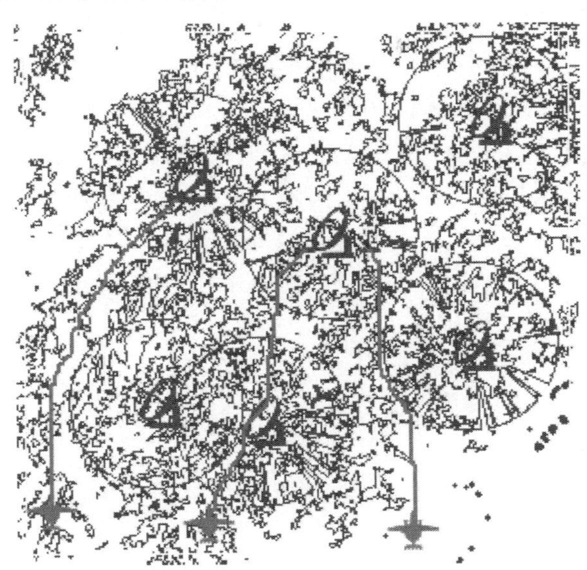

图 5.7 威胁不联网下的规划航迹

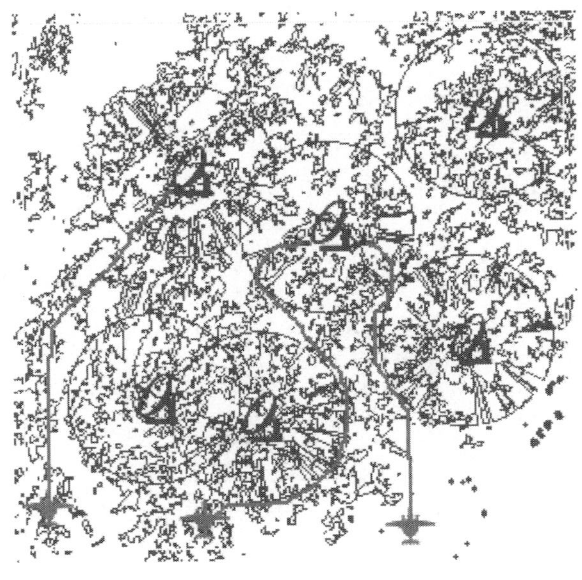

图 5.8 威胁联网下的规划航迹

对比图 5.7 和图 5.8 可以发现，在不考虑威胁联网的情况下，算法更加侧重航迹长度代价，使得规划出的航迹大多比较短，进而使得综合代价较小，但是 UAV2 的飞行航迹穿越了威胁区域。而在威胁联网下，地面防空系统对于无人机的防御力量极大增强，使得算法中的威胁代价增大，因此这种情况下规划出来的航迹都避开了高危区域。以 UAV2 为例，图 5.9 为不同情况下的航迹威胁代价对比图，可以看出，考虑了威胁联网的算法所规划航迹的实际威胁代价明显小于不考虑威胁联网的算法所规划航迹的实际威胁代价。同时，无人机也需用更长的飞行航迹来保证航迹的安全，这说明了本书所设计的威胁联网下无人机航迹规划算法的有效性。

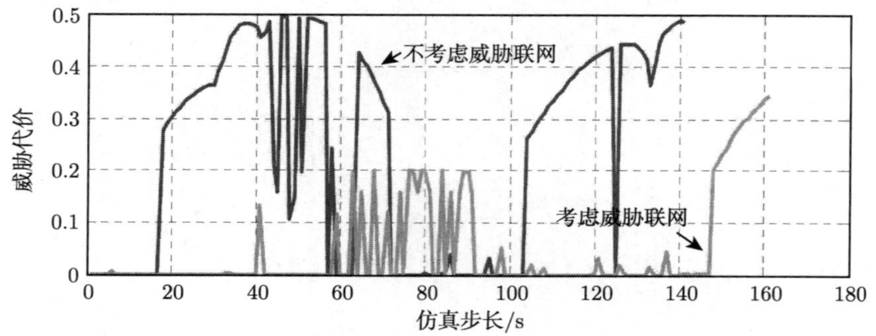

图 5.9　不同情况航迹威胁代价对比

5.6.3　轨迹控制仿真结果

在威胁联网下，计算得到 3 架无人机的初始规划航迹长度分别为 60.5km、64.1km 和 55.3km，设 3 架无人机的初始飞行速度分别为 200m/s、150m/s 和 180m/s。无人机之间的通信拓扑如图 5.10 所示。

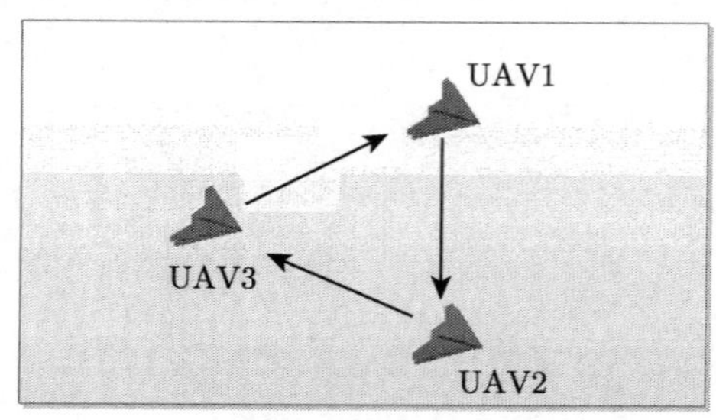

图 5.10　多无人机通信拓扑

算例 1　采用基本一致性算法式 (5.20)，得到的仿真结果如图 5.11～图 5.13

所示。

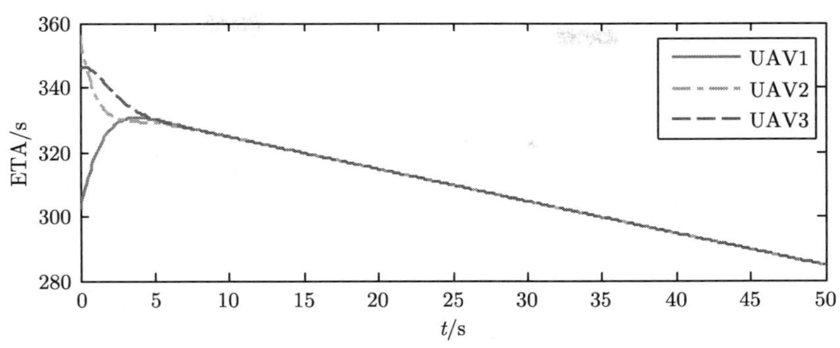

图 5.11 ETA 演化曲线

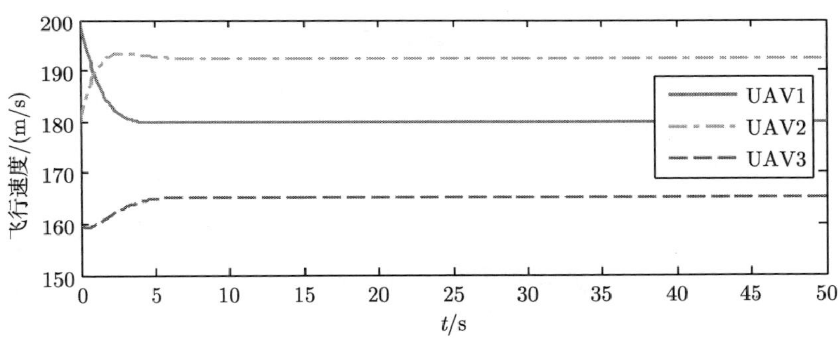

图 5.12 飞行速度演化曲线

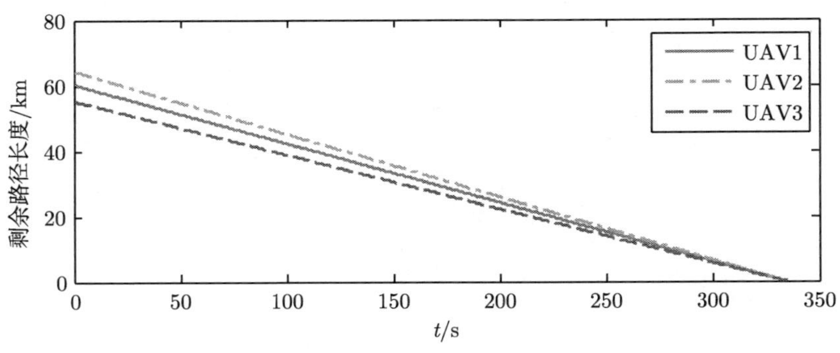

图 5.13 剩余路径长度演化曲线

从仿真结果可以看出，经过大约 5s 的动态调整飞行速度的时间，3 架无人机的 ETA 趋于一致，此后无人机的飞行速度保持恒定，并且无人机还有一定的速度调整裕量以应对突发威胁，整个过程耗时约 330s。由此可见，采用本书的方法可以实现多无人机同时到达指定目标位置执行协同打击任务。

算例 2　在算例 1 的基础上，引入一架虚拟 Leader，记为 UAV0，引入虚拟 Leader 之后的通信拓扑如图 5.14 所示。设定 UAV0 的速度协调指令为 180m/s，初始可飞航迹长度为 60km。假定 UAV1 在飞行过程中发现突发威胁而进行航迹重规划，如图 5.15 所示，重规划后路径长度增加 4.8km。

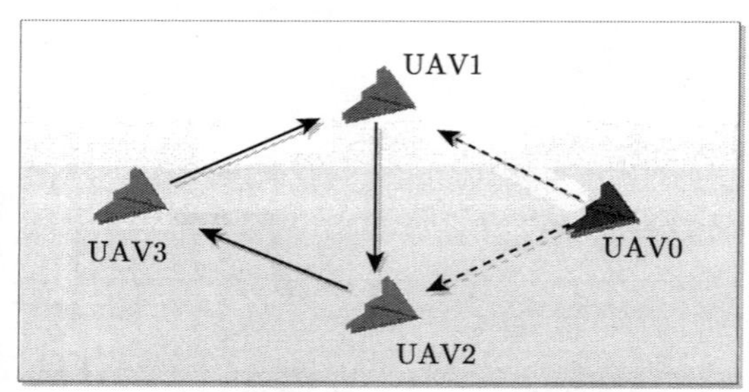

图 5.14　引入虚拟 Leader 的多无人机通信拓扑

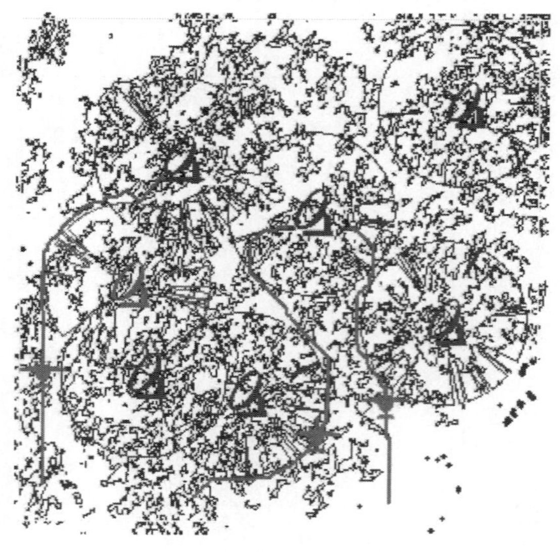

图 5.15　重规划后的航迹

采用含虚拟 Leader 的一致性控制算法式 (5.23)，得到的仿真结果如图 5.16～图 5.19 所示。

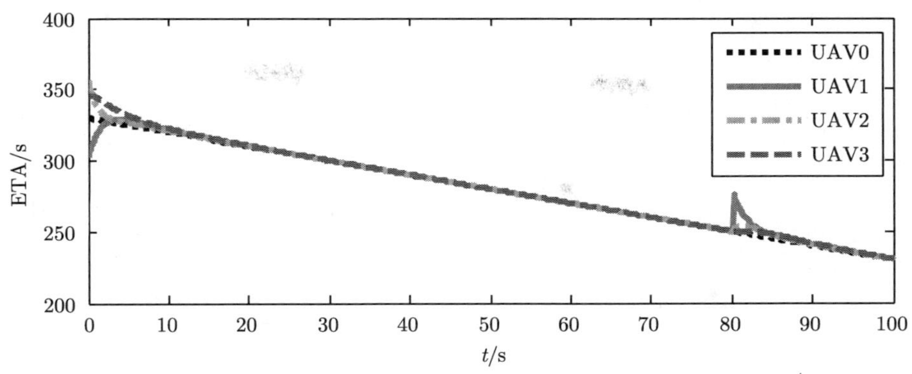

图 5.16 ETA 演化曲线

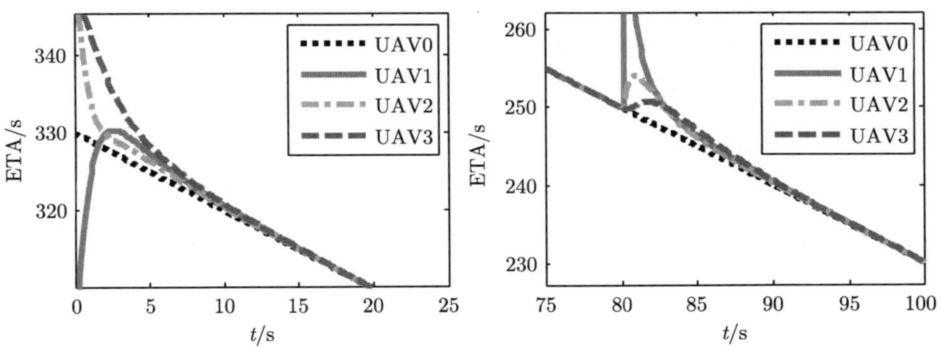

图 5.17 ETA 演化曲线局部放大示意图

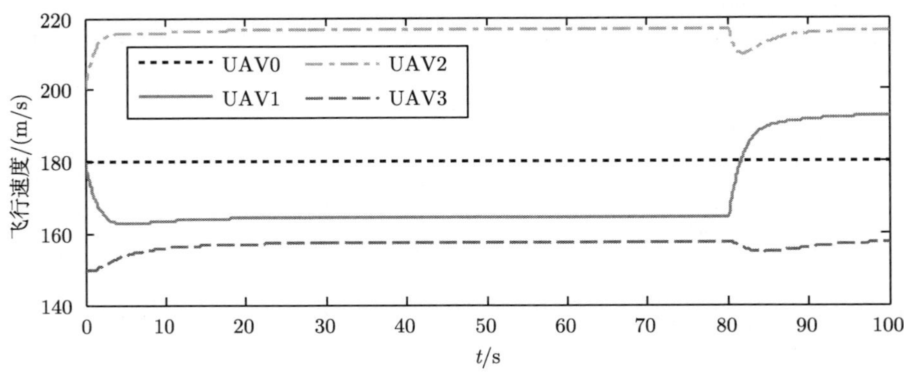

图 5.18 飞行速度演化曲线

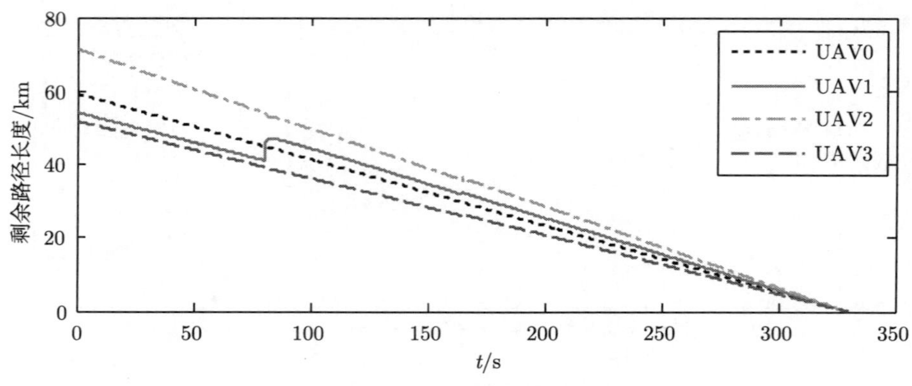

图 5.19 剩余路径长度演化曲线

由图 5.16 可以看出，引入了虚拟 Leader 之后，各无人机都与虚拟 Leader 的 ETA 趋于一致。在任务开始 80s 后，UAV1 发现突发威胁而进行航迹重规划，导致预计到达时间与剩余路径增大，各无人机再次通过动态调整飞行速度，最终同时到达目标位置，ETA 仍与虚拟 Leader 保持一致。由此可见，在引入含虚拟 Leader 的一致性控制算法下，各无人机可以按照预先指定的时间同时到达目标位置，操作人员可以通过设定速度协调指令控制虚拟 Leader 的运动，从而灵活控制各无人机的飞行时间。

算例 3 在算例 2 的基础上，改用本书新设计的一致性控制算法式 (5.30)，取状态预测器的影响因子 $\gamma = 1$ ，参数 $r = 2$，得到的仿真结果如图 5.20~图 5.23 所示。

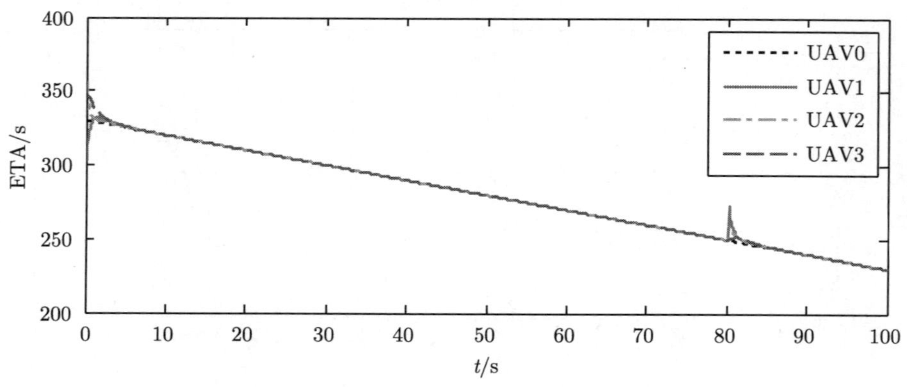

图 5.20 ETA 演化曲线

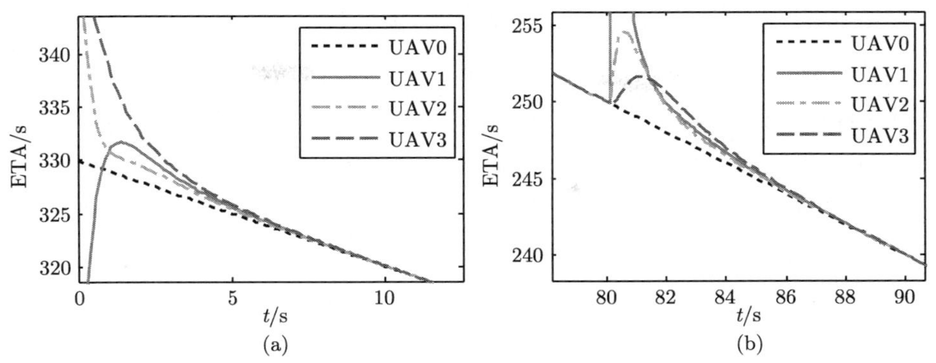

图 5.21　ETA 演化曲线局部放大示意图

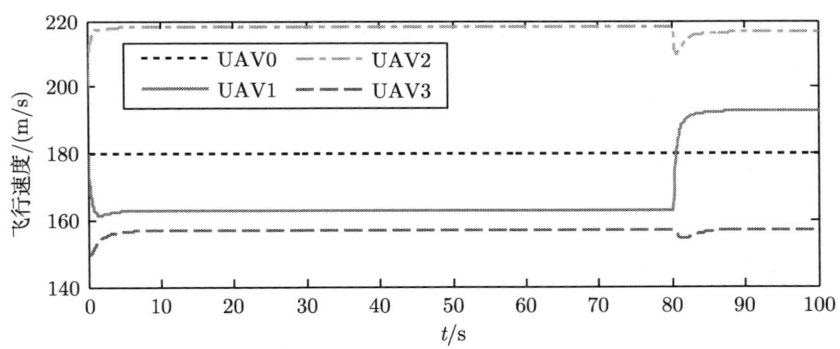

图 5.22　飞行速度演化曲线

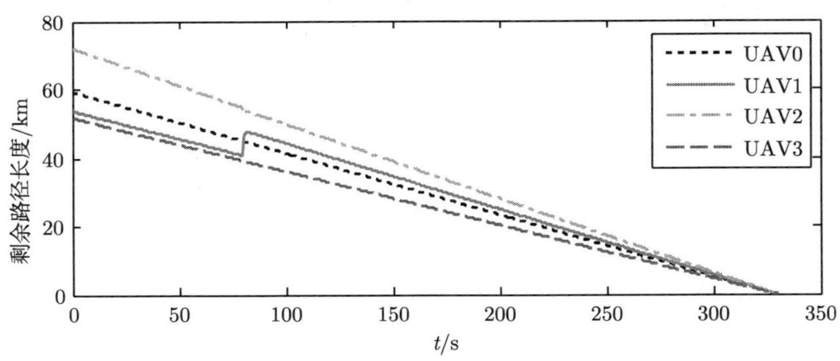

图 5.23　剩余路径长度演化曲线

对比图 5.17 与图 5.21 可以看出，采用本书新算法后多无人机系统的 ETA 演化到一致的时间明显减少，算例 2 中两次动态调整时间分别为 11.5s 和 8.4s，算例

3 中两次动态调整时间分别为 6.9s 和 5.2s，一致性算法收敛速度分别提高 66.7% 和 61.5%。因此，本书提出的改进一致性算法是合理并有效的，更加适用于动态变化的战场环境，使各无人机的 ETA 快速地实现一致。改变参数 γ 和 r 的值，一致性算法的收敛速度也会随之变化，但同时也对无人机飞行速度的调整提出了更高的要求，在实际应用中，需要考虑无人机的物理限制来合理化取值。另外，也可以通过修改虚拟 Leader 的速度指令和引入盘旋飞行来协调各无人机的飞行速度。

以上仿真实验证明了本书所提出的威胁联网下多无人机协同攻击任务规划方法是合理并有效的，多无人机编队能顺利完成突防并执行协同打击任务，进而实现对敌方防空威胁联网的压制与摧毁。

5.7 本章小结

本章主要研究了威胁联网下多无人机协同攻击问题，设计了相应的任务规划方法。首先分析了其中的基本问题，建立了无人机运动模型、RCS 模型以及武器可发射区模型。其次，建立了基于局部信息交换的分布式控制结构，设计了结合航迹规划与轨迹控制的策略以实现多无人机同时到达。再次，结合之前建立的威胁联网数学模型，给出了航迹规划算法的代价函数，设计了多机协同航迹规划算法流程。然后，重点对一致性控制算法进行了改进设计，结合多种算法的优点设计了新的一致性算法，既能灵活地控制无人机的运动，又能快速地实现无人机的任务协同。最后，设计了多无人机协同攻击算法步骤。

第 6 章　多机协同电子欺骗干扰联网威胁

针对威胁联网抗干扰特性，本章拟定了多机协同航迹欺骗干扰的作战任务想定，分析了威胁联网对航迹欺骗的影响，针对传统欺骗干扰方法的不足，设计了结合航迹欺骗和噪声压制的复合干扰方法，据此建立多机协同欺骗干扰的最优控制模型，以梯度法为基础设计了求解算法。

6.1　航迹欺骗概述

6.1.1　假目标航迹欺骗的优势

随着现代战争电磁频谱空间争夺的日趋激烈，威胁联网充分发挥网内各单部雷达的能力，把不同类型与不同频段的雷达合理部署，按照作战需求调整威胁网内雷达的工作状态，形成组网探测的信息优势和电磁优势，使得整体作战能力极大增强，其抗干扰能力也得到了极大提高。在此情况下，有必要研究与其针锋相对的合理战法，以充分发挥先进无人作战飞机突防防空威胁联网过程中的电子战能力，进而实现对组网雷达的 "防空压制"。多机协同电子战是针对组网雷达的一个有效作战手段，研究现有文献发现目前对假目标航迹欺骗的研究还较少，特别是研究威胁联网下的欺骗干扰更少。而实际上，对组网雷达实现假目标航迹欺骗具有如下诸多战术优势。

(1) 欺骗干扰对电子设备的要求不高，为了提高假目标的有效性，要求干扰信号的功率应和回波信号的功率相同或接近，因此，一般的电子设备均可满足对干扰信号的功率要求。

(2) 提高虚警概率。敌方雷达检测到假目标，却把假目标当成真实目标对待，给敌方雷达造成了大量错误情报，可以在很大程度上迷惑敌人而使其兵力分散。

(3) 提高信息处理的难度，特别是产生多个假目标时，对敌方雷达系统带来大量的数据处理工作，甚至也能造成雷达信息处理中心瘫痪。

(4) 当我方有飞机要实施突防作战时，假目标就能够有效迷惑对手，无法辨别真实目标与假目标，提高我方飞机的生存概率。

(5) 迷惑对手，暴露火力部署。假目标被敌方雷达检测到之后，能够诱使敌方做出错误的决策，盲目的火力打击使得敌方火力部署更加容易暴露。

6.1.2 航迹欺骗的技术要求

假目标航迹欺骗干扰虽然有很多的战术优势，其有效实施却不易实现，对威胁网内的雷达相关参数先验知识以及电子战无人机的作战能力都有一定要求。

对雷达的参数信息要求 [65−66] 如下：

(1) 位置坐标。要想对雷达实施有效的假目标欺骗干扰，最基本的就是需要知道被干扰雷达的位置。特别是当有多部雷达时，还需根据雷达的位置进行假目标状态转换。

(2) 工作频率。要想保证假目标的真实性，需要使得假目标干扰信号和雷达回波信号载频一致。

(3) 脉冲宽度。假目标干扰信号需要仿雷达回波信号采用线性调频机制，为了确定调频斜率，就要根据脉冲宽度计算得出。

(4) 脉冲的重复频率。与工作频率一样的道理，为了提高假目标干扰的有效性和真实性，假目标干扰信号的频率也需跟雷达回波脉冲的频率保持一致。

(5) 为了确定雷达工作的主瓣方位，还要知道雷达工作时天线的旋转机制、旋转速度以及波束宽度。

(6) 为了确定假目标干扰信号的发射功率，需要知道相应被干扰雷达的天线增益、平均发射功率以及信噪比等参数。

(7) 接收机带宽。实施假目标距离欺骗时，实质是对干扰信号进行时延处理，相当于在信号中加入了频移，那么就不能超过接收机的带宽范围。

对电子战无人机的要求如下：

(1) 无人机具有较强隐身能力，不易被组网雷达侦察到 (由于隐身无人作战飞机侧面 RCS 较大，且对米波等波段雷达隐身效果差，故这个条件不易被满足)，否则组网雷达观测员将由假目标和干扰无人机机间的运动轨迹的相关性 (无人机、假目标和雷达均在一条连线上) 辨别出假目标和无人机，就不易起到干扰作用，且无人机因离雷达较近而易被摧毁。

(2) 接收天线要有较高的分辨力和灵敏度。为了提高假目标欺骗干扰的有效性，首要工作就是接收到雷达回波信号，然后对其进行分析处理，这是整个欺骗干扰实施的基础。

(3) 发射功率要足够。当欺骗干扰仅仅是距离欺骗时，假目标干扰信号的功率要求不高。若想同时进行方位欺骗，则需要加大干扰发射功率并从雷达副瓣进入。

(4) 辐射功率可调整。威胁联网内不同雷达工作体制与工作频率各不相同，那么针对不同干扰雷达需求的干扰信号功率也是不同的，因此，要求无人机电子设备的辐射功率是可以调整的。

6.1.3 威胁联网对航迹欺骗的影响

在现有的技术条件下，数据融合技术在威胁联网中得到了普遍应用。威胁联网内若有可有效发现隐身飞机波段的米波雷达，再通过多部雷达的综合信息融合处理，威胁联网就能够根据综合处理得到的信息发现假目标和电子战无人机之间的关联性，那么干扰产生的假目标的有效性就极大降低了。此外，威胁联网自身也有很多抗欺骗干扰的手段。

(1) 威胁网内的雷达普遍采用多普勒滤波机制对接收到的回波信号进行回波处理以滤除杂波，如果产生的连续假目标干扰信号不能保证在同一个滤波组内，就会被当成杂波滤除，极大降低了干扰的有效性。

(2) 威胁联网内雷达的频率捷变技术限制了假目标欺骗干扰的有效实施距离，距离太远则难以保证持续有效的干扰信号，会被干扰雷达当成异步干扰而降低干扰的有效性，距离太近则易被雷达探测发现电子战无人机而识破假目标的干扰。

(3) 雷达天线本身也有抗干扰措施。在实施航迹欺骗干扰时，因为干扰要从雷达旁瓣进入，所以要求干扰功率必须足够大，干扰无人机接收天线的灵敏度必须足够高。因此，雷达自身的超低旁瓣技术和旁瓣匿影技术都是有效抗干扰的措施。

由此可见，传统的假目标欺骗干扰手段在威胁联网下是不适用的，无法起到需求的干扰效果。因此，有必要研究更加合理有效的战术战法，使得假目标都能被威胁联网内的雷达发现，且其运动轨迹相关联，即位于目标运动形成的同一航线上，类似于真实的目标运动轨迹。同时，考虑采用小型干扰机对我方电子战无人机进行掩护，对威胁联网内其他雷达实施噪声压制干扰来保护电子战无人机不被发现，进而提高欺骗干扰的有效性。

6.2 协同欺骗干扰的技术原理

6.2.1 脉冲雷达的测距原理

无线电波在均匀介质中以固定的速度直线传播 [80] (在自由空间传播速度约等于光速 $c = 3 \times 10^8 \mathrm{m/s}$)。脉冲雷达测距原理的实质就是通过测量无线电波往返一次所需的时间 t_R 来确定目标到雷达的距离 R:

$$\begin{cases} t_\mathrm{R} = \dfrac{2R}{c} \\ R = \dfrac{1}{2} c t_\mathrm{R} \end{cases} \tag{6.1}$$

式中，t_R 是回波信号相对发射信号的延迟。因此，目标距离测量问题就转化为了精确测定延迟时间 t_R 的问题，如图 6.1 所示，T_r 表示脉冲重复周期。

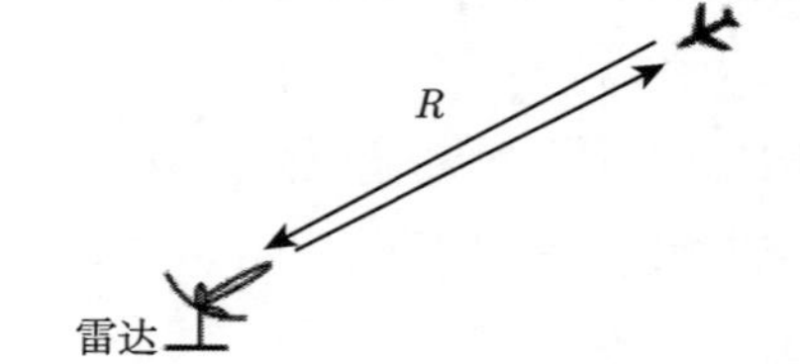

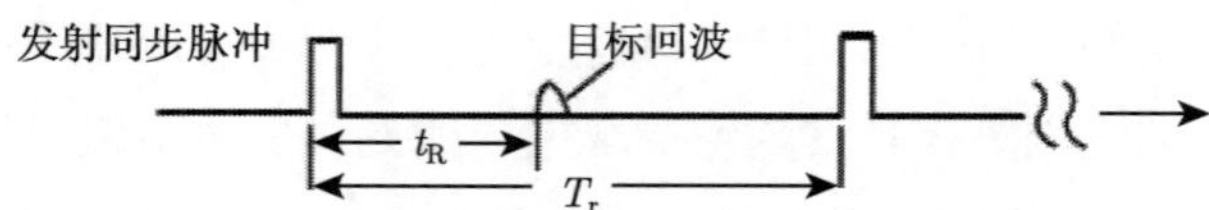

图 6.1 脉冲雷达测距原理示意图

显然，在整个脉冲测距过程中，回波信号是相对于发射信号有延迟的。雷达发射脉冲信号从各个方向辐射到空间中，在遇到目标后就会反射回波信号，雷达接收机接收回波信号，其相对于发射信号的时间延迟就是 t_R，进而计算得到目标距离 R。

6.2.2 距离延迟技术

航迹欺骗的实质就是针对脉冲雷达测距原理，电子战无人机截获雷达发射脉冲之后，适当对回波进行延迟并采用一定功率发射干扰信号，就能够使雷达看到一个真实的、电子战无人机距离之外的假目标。

下面具体分析线性调频信号 [81]，并以此来研究脉冲测距的延迟技术。假设在某一时刻，雷达与电子战无人机距离为 R_0，相应的假目标航机点与雷达的距离为 R_f；当欺骗的距离 R_f 小于实际距离 R_0 时，应该在信号时延中增加一个脉冲重复周期 T_p，则该航迹点延迟量 Δt 为

$$\Delta t=\begin{cases}\dfrac{R_f-R_0}{0.5c}, R_f>R_0\\[2ex]\dfrac{R_f-R_0}{0.5c}+T_p, R_f<R_0\end{cases} \tag{6.2}$$

线性调频信号的一般形式为

$$S(t)=A\times s(t)=A\times g(t)\times\exp(\mathrm{j}\pi kt^2)\times\exp(\mathrm{j}2\pi f_0t) \tag{6.3}$$

式中，$g(t)$ 表示矩形信号；A 为雷达发射信号的幅度；f_0 为载频；k 为线性调频信号的调频斜率。此时，相应的电子战无人机的接收信号可以表示为

$$\begin{aligned}S_j(t)&=A\times s(t-\Delta t_0)\\&=A\times g(t-\Delta t_0)\times\exp\left[\mathrm{j}\pi k(t-\Delta t_0)^2\right]\times\exp\left[\mathrm{j}2\pi(f_0+f_d/s)(t-\Delta t_0)\right]\end{aligned} \tag{6.4}$$

式中，$\Delta t_0=2R/c$，c 为光速。则实施假目标欺骗干扰的信号形式为

$$S'(t)=B\times g(t-\Delta t_0-\Delta t)\times\exp\left[\mathrm{j}\pi k(t-\Delta t_0-\Delta t)^2\right]\times\exp\left[\mathrm{j}2\pi f_0(t-\Delta t_0-\Delta t)\right] \tag{6.5}$$

由上式可知，回波信号相较雷达发射信号的延迟为 $\Delta t_0+\Delta t$，则雷达接收并发现的假目标距离为 $R_f=c(\Delta t_0+\Delta t)/2$。因此，只要电子战无人机采用一定功率发射合适的干扰回波信号，就能使雷达在指定距离处看到假目标。

6.2.3 噪声压制干扰

对于采用恒虚警检测的脉冲雷达，其信号检测的门限电平可由下式给出：

$$P_{fa}=\mathrm{e}^{-\frac{V_t^2}{2\psi^2}} \tag{6.6}$$

则有

$$V_t=\sqrt{2\psi^2\ln\frac{1}{P_{fa}}} \tag{6.7}$$

式中，V_t 表示雷达信号检测的门限电平；ψ^2 为噪声平均功率；P_{fa} 为虚警率。由上式可以看出，当虚警率恒定时，雷达信号检测的门限电平只和噪声平均功率相

关，那么，只要控制小型干扰机发射一定功率的噪声信号干扰威胁网内的雷达，就能够抬高其检测门限，使雷达无法正常检测目标回波信号，也就难以发现电子战无人机。

由文献 [82] 可知，当虚警率恒定时，目标检测概率和信噪比有如下关系：

$$\chi \leqslant \frac{(P_{\rm d}/P_{\rm fa})^{1/N}-1}{1-P_{\rm d}^{1/N}} \tag{6.8}$$

式中，χ 为目标信噪比；$P_{\rm d}$ 为目标检测概率；N 为雷达信号检测的参考单元长度。据此可以绘出不同虚警率下目标检测概率和信噪比的曲线，如图 6.2 所示。

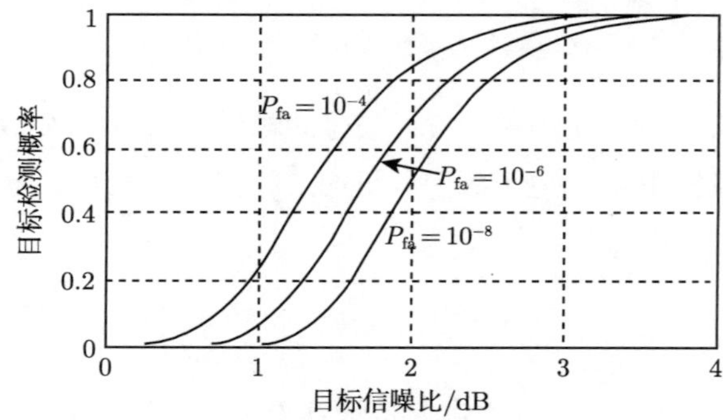

图 6.2　目标检测概率和信噪比的关系

分析图 6.2 可知，通过合理调整噪声功率来改变目标信噪比就能控制目标检测概率 $P_{\rm d}$ 不超过某一期望值。由此可见，将小型干扰机实施噪声压制干扰和电子战无人机实施欺骗干扰结合起来，就能够极大减小电子战无人机的暴露概率，使得威胁联网无法根据电子战无人机和假目标的运动关系辨别出假目标，从而就起到了掩护作用。

6.2.4　基于航迹欺骗的复合干扰原理

根据以上分析可知，威胁联网下实施欺骗干扰的难点在于：① 如何欺骗整个雷达网，使得干扰多部雷达的多个假目标经过数据融合技术重合为一个假目标，让雷达网只看到一条符合运动特性的虚假目标航迹 [83]。这就涉及如何控制多架电子战无人机，使所有从雷达到相应的电子战无人机间的连线交汇于一个共同点，并在空间形成一条连续的假目标航迹。② 如何利用小型干扰机实施掩护，保护电子战无人机不被雷达网内的其他雷达发现，那么这就又涉及如何有效控制小型干扰机实施噪声压制干扰，以减小电子战无人机的暴露概率。

图 6.3 是典型的多机协同欺骗干扰作战任务想定。多架电子战无人机协同对威胁联网内的雷达进行距离延迟欺骗 (一架电子战无人机干扰一部雷达)，使得每部雷达看到的假目标重合，通过对每架电子战无人机的协同控制，即控制每架战机采用合适的速度和航向，使得多机协同欺骗干扰产生的假目标具有真实的目标特性，威胁联网难以分辨，就起到了航迹欺骗干扰的效果。同时，每架电子战无人机配备一架小型干扰机，组成多机编队实施复合干扰，为了尽可能地起到掩护作用，控制小型干扰机在雷达和电子战无人机的视线方向上实施压制干扰，使得威胁联网内其他雷达无法发现执行欺骗干扰任务的电子战无人机，进一步提高欺骗干扰的有效性。

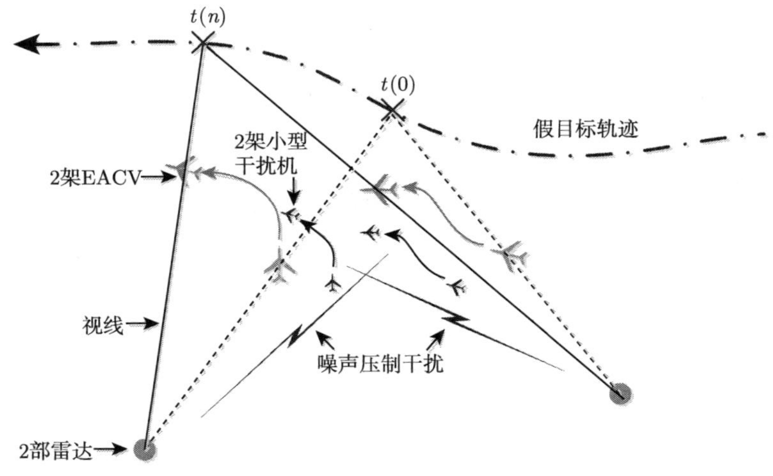

图 6.3 多机协同欺骗干扰作战任务想定

6.3 协同欺骗干扰的数学模型

6.3.1 单机欺骗单部雷达

要想实现多机协同欺骗干扰，最基本的就是在单部雷达上形成任意期望的假目标航迹，基于此本书建立单机干扰单部雷达的模型。如图 6.4 所示描述了单机干扰单部雷达时电子战无人机、雷达和假目标的空间位置关系。

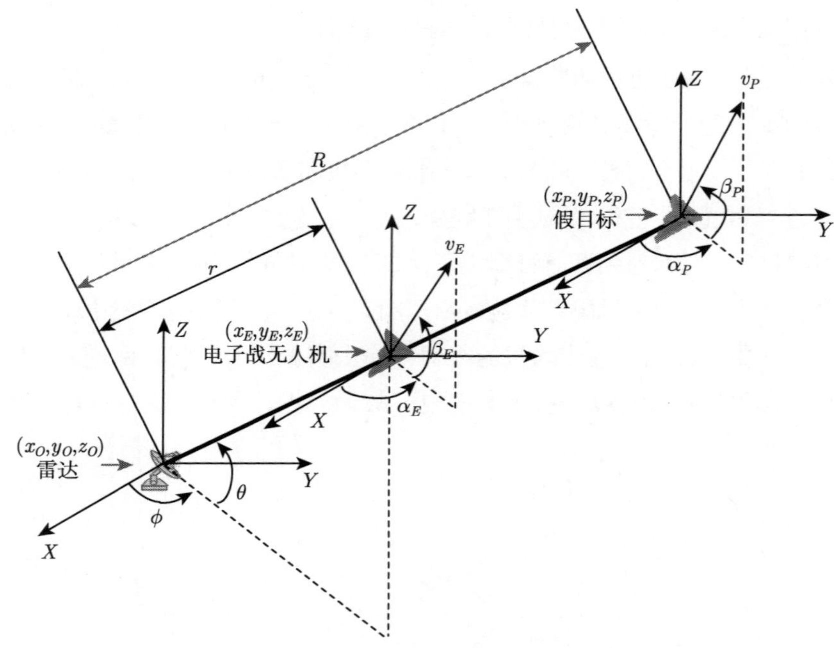

图 6.4 假目标欺骗干扰位置关系示意图

直角坐标系下，假目标的运动学方程为

$$
\begin{cases}
\dot{x}_P = v_P \cos\beta_P \cos\alpha_P \\
\dot{y}_P = v_P \cos\beta_P \sin\alpha_P \\
\dot{z}_P = v_P \sin\beta_P \\
\dot{v}_P = u_{P1} \\
\dot{\alpha}_P = u_{P2} \\
\dot{\beta}_P = u_{P3}
\end{cases}
\tag{6.9}
$$

式中，(x_P, y_P, z_P) 表示假目标的位置坐标；v_P 为假目标的速度；β_P 为假目标的航迹倾角；α_P 为假目标的航迹偏角；u_{P1}、u_{P2} 和 u_{P3} 为控制量，分别表示加速度、航迹偏角速度和航迹倾角速度 (这些控制量根据指挥员所设定的期望假目标运动轨迹来确定)。

在以雷达为坐标原点的球坐标系下，假目标有如下位置关系：

$$\begin{cases} x_P = R\cos\theta\cos\phi \\ y_P = R\cos\theta\sin\phi \\ z_P = R\sin\theta \end{cases} \tag{6.10}$$

式中，R 为雷达到假目标的距离；ϕ 为雷达与假目标连线的方位角；θ 为雷达与假目标连线的高低角。

对式 (6.10) 求导，有

$$\begin{cases} \dot{x}_P = \dot{R}\cos\theta\cos\phi - R\sin\theta\cos\phi\dot{\theta} - R\cos\theta\sin\phi\dot{\phi} \\ \dot{y}_P = \dot{R}\cos\theta\sin\phi - R\sin\theta\sin\phi\dot{\theta} + R\cos\theta\cos\phi\dot{\phi} \\ \dot{z}_p = \dot{R}\sin\theta + R\cos\theta\dot{\theta} \end{cases} \tag{6.11}$$

改写成矩阵形式，有

$$\begin{bmatrix} \dot{x}_P \\ \dot{y}_P \\ \dot{z}_p \end{bmatrix} = \begin{bmatrix} \cos\phi\cos\theta & -\sin\phi & -\sin\theta\cos\phi \\ \cos\theta\sin\phi & \cos\phi & -\sin\theta\sin\phi \\ \sin\theta & 0 & \cos\theta \end{bmatrix} \begin{bmatrix} \dot{R} \\ R\cos\theta\dot{\phi} \\ R\dot{\theta} \end{bmatrix} \tag{6.12}$$

$$\begin{bmatrix} \dot{R} \\ R\cos\theta\dot{\phi} \\ R\dot{\theta} \end{bmatrix} = \begin{bmatrix} \cos\phi\cos\theta & \cos\theta\sin\phi & \sin\theta \\ -\sin\phi & \cos\phi & 0 \\ -\sin\theta\cos\phi & -\sin\theta\sin\phi & \cos\theta \end{bmatrix} \begin{bmatrix} \dot{x}_P \\ \dot{y}_P \\ \dot{z}_p \end{bmatrix} \tag{6.13}$$

将上式展开为

$$\begin{aligned} \dot{R} &= v_P(\cos\theta\cos\phi\cos\beta_P\cos\alpha_P + \cos\theta\sin\phi\cos\beta_P\sin\alpha_P + \sin\theta\sin\beta_P) \\ &= v_P[\cos\theta\cos\beta_P\cos(\alpha_P - \phi) + \sin\theta\sin\beta_P] \end{aligned} \tag{6.14}$$

$$\begin{aligned} \dot{\phi} &= \frac{v_P}{R\cos\theta}(-\sin\phi\cos\beta_P\cos\alpha_P + \cos\phi\cos\beta_P\sin\alpha_P) \\ &= \frac{v_P\cos\beta_P\sin(\alpha_P - \phi)}{R\cos\theta} \end{aligned} \tag{6.15}$$

$$\begin{aligned} \dot{\theta} &= \frac{v_P}{R}(-\sin\theta\cos\phi\cos\beta_P\cos\alpha_P - \sin\theta\sin\phi\cos\beta_P\sin\alpha_P + \cos\theta\sin\beta_P) \\ &= \frac{v_P}{R}[-\sin\theta\cos\beta_P\cos(\alpha_P - \phi) + \cos\theta\sin\beta_P] \end{aligned} \tag{6.16}$$

在直角坐标系下电子战无人机的运动学方程和假目标类似，为

$$\begin{cases}\dot{x}_E = v_E\cos\beta_E\cos\alpha_E\\ \dot{y}_E = v_E\cos\beta_E\sin\alpha_E\\ \dot{z}_E = v_E\sin\beta_E\\ \dot{v}_E = u_{E1}\\ \dot{\alpha}_E = u_{E2}\\ \dot{\beta}_E = u_{E3}\end{cases} \tag{6.17}$$

式中，(x_E, y_E, z_E) 表示电子战无人机的位置坐标；v_E 为电子战无人机的速度；β_E 为电子战无人机的航迹倾角；α_E 为电子战无人机的航迹偏角；u_{E1}、u_{E2} 和 u_{E3} 为控制量，分别表示加速度、航迹偏角速度和航迹倾角速度 (这些控制量是根据欺骗干扰的任务要求来求取的)。

同样的，也可以将式 (6.17) 转换到以雷达为原点的球坐标系中：

$$\begin{bmatrix}\dot{r}\\ r\cos\theta\dot{\phi}\\ r\dot{\theta}\end{bmatrix} = \begin{bmatrix}\cos\phi\cos\theta & \cos\theta\sin\phi & \sin\theta\\ -\sin\phi & \cos\phi & 0\\ -\sin\theta\cos\phi & -\sin\theta\sin\phi & \cos\theta\end{bmatrix}\begin{bmatrix}\dot{x}_E\\ \dot{y}_E\\ \dot{z}_E\end{bmatrix} \tag{6.18}$$

展开为

$$\begin{aligned}\dot{r} &= v_E(\cos\theta\cos\phi\cos\beta_E\cos\alpha_E + \cos\theta\sin\phi\cos\beta_E\sin\alpha_E + \sin\theta\sin\beta_E)\\ &= v_E\left[\cos\theta\cos\beta_E\cos(\alpha_E-\phi) + \sin\theta\sin\beta_E\right]\end{aligned} \tag{6.19}$$

$$\begin{aligned}\dot{\phi} &= \frac{v_E}{r\cos\theta}(-\sin\phi\cos\beta_E\cos\alpha_E + \cos\phi\cos\beta_E\sin\alpha_E)\\ &= \frac{v_E\cos\beta_E\sin(\alpha_E-\phi)}{r\cos\theta}\end{aligned} \tag{6.20}$$

$$\begin{aligned}\dot{\theta} &= \frac{v_E}{r}(-\sin\theta\cos\phi\cos\beta_E\cos\alpha_E - \sin\theta\sin\phi\cos\beta_E\sin\alpha_E + \cos\theta\sin\beta_E)\\ &= \frac{v_E}{r}(-\sin\theta\cos\beta_E\cos(\alpha_E-\phi) + \cos\theta\sin\beta_E)\end{aligned} \tag{6.21}$$

由于在实施距离欺骗时电子战无人机和雷达、假目标在一条直线上，在期望的假目标轨迹约束下，电子战无人机的自由度降至一维。基于此对电子战无人机的运动学方程进行简化，由式 (6.20) 和式 (6.21) 可以导出方程：

$$\tan\beta_E = \frac{\cos\theta\sin\theta\cos(\alpha_E-\phi)\dot{\phi} + \sin(\alpha_E-\phi)\dot{\theta}}{\cos^2\theta\dot{\phi}} \tag{6.22}$$

再将式 (6.20) 和式 (6.22) 代入式 (6.19)，可得

$$\dot{r} = r\dot{\phi}\left[\cos^2\theta\cot(\alpha_E - \phi) + \tan\beta_E\frac{\cos\theta\sin\theta}{\sin(\alpha_E - \phi)}\right] \tag{6.23}$$

电子战无人机的控制方程为

$$\dot{\alpha}_E = u_{E2} \tag{6.24}$$

电子战无人机的速度可由式 (6.19) 导出：

$$v_E^2 = (\dot{r})^2 + (r\cos\theta\dot{\phi})^2 + (r\dot{\theta})^2 \tag{6.25}$$

综上所述，单机欺骗单部雷达的系统模型可由式 (6.17)、式 (6.19)~式 (6.25) 共同描述。

6.3.2 多机协同欺骗多部雷达

多架电子战无人机采用距离延迟技术协同干扰威胁网内的多部雷达时，其单架无人机的欺骗模型如 6.3.1 小节所述。当多机协同干扰时，需要将假目标的运动模型在以不同雷达为坐标原点的坐标系中进行转换，使得干扰不同雷达产生的假目标能够重合为一个目标，其矢量关系如图 6.5 所示。

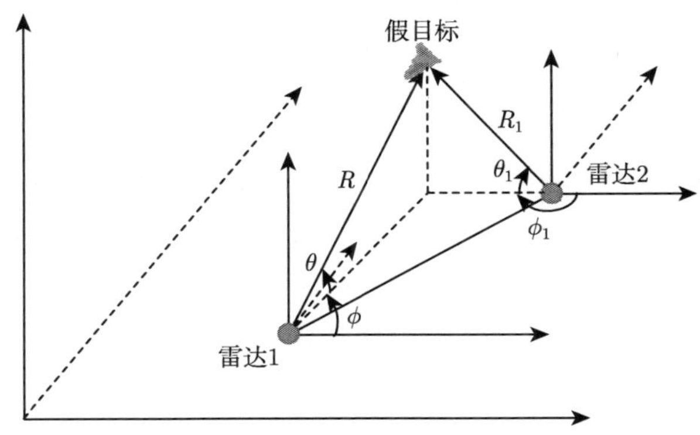

图 6.5 协同航迹欺骗时假目标状态转换

可以看出，假目标与电子战无人机的 θ 和 ϕ 是耦合的，在求解时，关键在于式 (6.22)~式 (6.24) 的解算，其中耦合因子为 θ、ϕ、$\dot{\theta}$ 和 $\dot{\phi}$，可以通过下式计算：

$$\theta = \sin^{-1}\left(\frac{z_P - z_O}{R}\right) \tag{6.26}$$

$$\phi = \tan^{-1}\left(\frac{y_P - y_O}{x_P - x_O}\right) \tag{6.27}$$

将上两式求导，可得

$$\begin{aligned}\dot{\theta} &= \frac{1}{\sqrt{1-\left(\dfrac{z_P - z_O}{R}\right)^2}} \cdot \frac{\dot{z}_P R - \dot{R}(z_P - z_O)}{R^2} \\ &= \frac{\dot{z}_P\sqrt{(x_P - x_O)^2 + (y_P - y_O)^2}}{R^2} - \frac{(z_P - z_O)}{R^2}\left[\frac{(x_P - x_O)\dot{x}_P}{R_{xy}} + \frac{(y_P - y_O)\dot{y}_P}{R_{xy}}\right]\end{aligned} \tag{6.28}$$

$$\begin{aligned}\dot{\phi} &= \frac{1}{1+\left(\dfrac{y_P - y_O}{x_P - x_O}\right)^2} \cdot \frac{(x_P - x_O)\dot{y}_P - (y_P - y_O)\dot{x}_P}{(x_P - x_O)^2} \\ &= \frac{(x_P - x_O)\dot{y}_P - (y_P - y_O)\dot{x}_P}{R_{xy}^2}\end{aligned} \tag{6.29}$$

式中，$R_{xy} = \sqrt{(x_P - x_O)^2 + (y_P - y_O)^2}$。由此可见，$\phi$、$\theta$、$\dot{\phi}$ 和 $\dot{\theta}$ 可以根据已知的雷达位置 (x_O, y_O, z_O) 和指挥员预先设定的假目标运动轨迹 $(x_P(t), y_P(t), z_P(t), \dot{x}_P(t), \dot{y}_P(t), \dot{z}_P(t))$ 通过式 (6.26)~式 (6.29) 求出。

综上所述，多机协同欺骗多部雷达的系统模型可由单机欺骗干扰模型、耦合关系式 (6.26)~(6.29)，以及假目标位置计算公式 (6.9) 组成。

6.3.3　小型干扰机复合压制干扰

考虑到小型干扰机是在被压制雷达和电子战无人机的视线方向上实施噪声干扰的，那么类似于图 6.4，雷达、小型干扰机和电子战无人机的空间位置关系可由图 6.6 来描述。

直角坐标系中小型干扰机的运动方程也和电子战无人机类似，为

$$\begin{cases}\dot{x}_e = v_e \cos\beta_e \cos\alpha_e \\ \dot{y}_e = v_e \cos\beta_e \sin\alpha_e \\ \dot{z}_e = v_e \sin\beta_e \\ \dot{v}_e = u_{e1} \\ \dot{\alpha}_e = u_{e2} \\ \dot{\beta}_e = u_{e3}\end{cases} \tag{6.30}$$

式中，(x_e, y_e, z_e) 表示小型干扰机的位置坐标；v_e 为小型干扰机的速度；β_e 为小型干扰机的航迹倾角；α_e 为小型干扰机的航迹偏角；u_{e1}、u_{e2} 和 u_{e3} 为控制量，分别表示加速度、航迹偏角速度和航迹倾角速度 (这些控制量根据噪声压制干扰的任务要求来求取)。

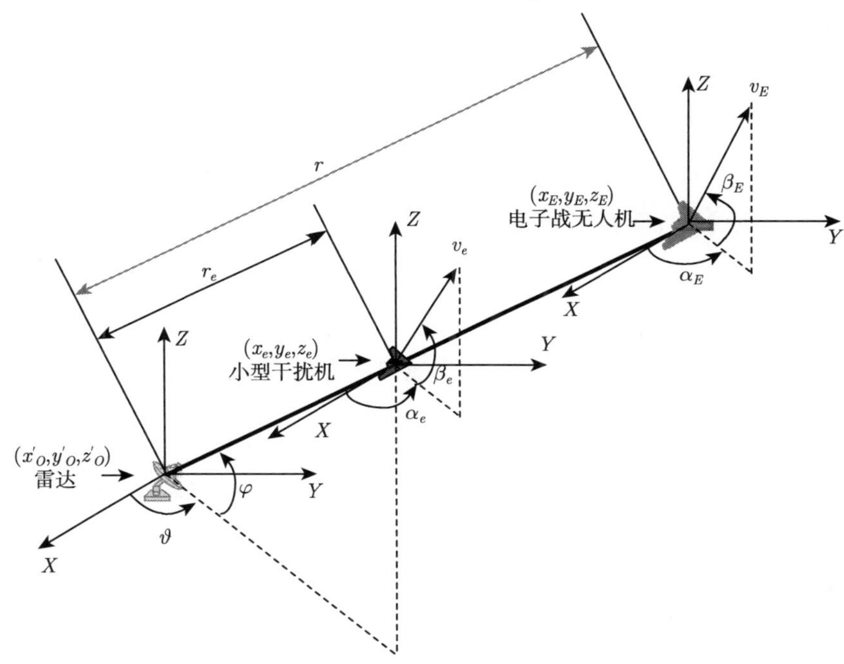

图 6.6 小型干扰机压制干扰位置关系示意图

将式 (6.30) 转换到以被压制雷达位置坐标为原点的球坐标系中，可以得到

$$\begin{aligned}\dot{r}_e &= v_e(\cos\vartheta\cos\varphi\cos\beta_e\cos\alpha_e + \cos\vartheta\sin\varphi\cos\beta_e\sin\alpha_e + \sin\vartheta\sin\beta_e)\\ &= v_e\left[\cos\vartheta\cos\beta_e\cos(\alpha_e-\varphi) + \sin\vartheta\sin\beta_e\right]\end{aligned} \tag{6.31}$$

$$\begin{aligned}\dot{\varphi} &= \frac{v_e}{r_e\cos\vartheta}(-\sin\varphi\cos\beta_e\cos\alpha_e + \cos\varphi\cos\beta_e\sin\alpha_e)\\ &= \frac{v_e\cos\beta_e\sin(\alpha_e-\varphi)}{r_e\cos\vartheta}\end{aligned} \tag{6.32}$$

$$\begin{aligned}\dot{\vartheta} &= \frac{v_e}{r_e}(-\sin\vartheta\cos\varphi\cos\beta_e\cos\alpha_e - \sin\vartheta\sin\varphi\cos\beta_e\sin\alpha_e + \cos\vartheta\sin\beta_e)\\ &= \frac{v_e}{r_e}(-\sin\vartheta\cos\beta_e\cos(\alpha_e-\varphi) + \cos\vartheta\sin\beta_e)\end{aligned} \tag{6.33}$$

由于小型干扰机始终位于雷达和电子战无人机的视线上，其运动受到了电子战无人机航迹的约束，由此对其运动方程进行简化，导出如下方程：

$$\tan\beta_e = \frac{\cos\vartheta\sin\vartheta\cos(\alpha_e-\varphi)\dot{\varphi}+\sin(\alpha_e-\varphi)\dot{\vartheta}}{\cos^2\vartheta\dot{\varphi}} \tag{6.34}$$

$$\dot{r}_e = r_e\dot{\varphi}\left[\cos^2\vartheta\cot(\alpha_e-\varphi)+\tan\beta_e\frac{\cos\vartheta\sin\vartheta}{\sin(\alpha_e-\varphi)}\right] \tag{6.35}$$

小型干扰机的控制方程为

$$\dot{\alpha}_e = u_{e2} \tag{6.36}$$

小型干扰机的速度可由下式导出：

$$v_e^2 = (\dot{r}_e)^2+(r_e\cos\vartheta\dot{\phi})^2+(r_e\dot{\vartheta})^2 \tag{6.37}$$

小型干扰机实施噪声压制干扰的数学模型可由式 (6.30)~ 式 (6.37) 共同描述。

6.3.4　最优控制问题模型

综上所述，本书设计的复合干扰方法由电子战无人机欺骗干扰和小型干扰机压制干扰两部分组成。当多架电子战无人机实施欺骗干扰时，为了提高任务成功的概率，应尽可能降低电子战无人机的能量消耗。为此，可设计如下的性能指标：

$$J=\int_{t_0}^{t_\mathrm{f}}\left(\sum_{i=1}^{N}u_{E2,i}^2\right)\mathrm{d}t \tag{6.38}$$

式中，N 表示电子战无人机的架数；下标 i 表示第 i 架电子战无人机；$u_{E2,i}$ 为第 i 架电子战无人机的控制量。

每架电子战无人机在飞行过程中还应满足状态约束，具体如下。

速度约束：

$$v_{\min}\leqslant v_{E,i}\leqslant v_{\max} \tag{6.39}$$

航迹倾角约束：

$$\beta_{\min}\leqslant \beta_{E,i}\leqslant \beta_{\max} \tag{6.40}$$

加速度约束 (即控制量约束)：

$$u_{E2\min}\leqslant u_{E2,i}\leqslant u_{E2\max} \tag{6.41}$$

此外，电子战无人机在实施距离欺骗时，距离被干扰雷达或者假目标太近都会影响欺骗的有效性，容易暴露。因此，必须保证无人机距雷达和假目标的距离在一个合适的范围内：

$$\lambda_{\min} \leqslant \frac{r_i}{R_i} \leqslant \lambda_{\max} \tag{6.42}$$

由此，多机协同欺骗多部雷达问题就可以转化为如下最优控制问题：

$$\begin{cases} \min\limits_{u_{E2,i}} J = \displaystyle\int_{t_0}^{t_\mathrm{f}} \left(\sum_{i=1}^{N} u_{E2,i}^2\right)\mathrm{d}t \\ \text{s.t.}\ \ \dot{\alpha}_{E,i} = u_{E2,i} \\ \qquad \dot{r}_i = r_i\dot{\phi}_i\left[\cos^2\theta_i\cot(\alpha_{E,i}-\phi_i) + \tan\beta_{E,i}\dfrac{\cos\theta_i\sin\theta_i}{\sin(\alpha_{E,i}-\phi_i)}\right] \\ \qquad \tan\beta_{E,i} = \dfrac{\cos\theta_i\sin\theta_i\cos(\alpha_{E,i}-\phi_i)\dot{\phi}_i + \sin(\alpha_{E,i}-\phi_i)\dot{\theta}_i}{\cos^2\theta_i\dot{\phi}_i} \\ \qquad v_{E,i}^2 = (\dot{r}_i)^2 + \left(r_i\cos\theta_i\dot{\phi}_i\right)^2 + \left(r_i\dot{\theta}_i\right)^2 \\ \qquad v_{\min} \leqslant v_{E,i} \leqslant v_{\max} \\ \qquad u_{E2\min} \leqslant u_{E2,i} \leqslant u_{E2\max} \\ \qquad \beta_{\min} \leqslant \beta_{E,i} \leqslant \beta_{\max} \\ \qquad \lambda_{\min} \leqslant \dfrac{r_i}{R_i} \leqslant \lambda_{\max} \end{cases} \tag{6.43}$$

求解以上最优控制问题，即可得到电子战无人机的最优状态 $v_{E,i}^*(t)$、$\alpha_{E,i}^*(t)$、$\beta_{E,i}^*(t)$、$r_i^*(t)$ 和最优控制量 $u_{E2,i}^*(t)$，再按照下式即可计算出电子战无人机欺骗干扰最优航迹：

$$\begin{cases} x_{E,i}^* = r_i^*\cos\theta_i\cos\phi_i \\ y_{E,i}^* = r_i^*\cos\theta_i\sin\phi_i \\ z_{E,i}^* = r_i^*\sin\theta_i \end{cases} \tag{6.44}$$

同样地，多架小型干扰机实施噪声压制干扰问题也可以转化为如下最优控制问题：

$$
\left\{\begin{array}{l}
\min\limits_{u_{e2,i}} J=\int_{t_0}^{t_\mathrm{f}}\left(\sum\limits_{i=1}^{N} u_{e2,i}^2\right)\mathrm{d}t \\
\text{s.t. }\ \dot{\alpha}_{e,i}=u_{e2,i} \\
\qquad \dot{r}_{e,i}=r_{e,i}\dot{\varphi}_i\left[\cos^2\vartheta_i\cot(\alpha_{e,i}-\varphi_i)+\tan\beta_{e,i}\dfrac{\cos\vartheta_i\sin\vartheta_i}{\sin(\alpha_{e,i}-\varphi_i)}\right] \\
\qquad \tan\beta_{e,i}=\dfrac{\cos\vartheta_i\sin\vartheta_i\cos(\alpha_{e,i}-\varphi_i)\dot{\varphi}_i+\sin(\alpha_{e,i}-\varphi_i)\dot{\vartheta}_i}{\cos^2\vartheta_i\dot{\varphi}_i} \\
\qquad v_{e,i}^2=(\dot{r}_{e,i})^2+(r_{e,i}\cos\vartheta_i\dot{\varphi}_i)^2+\left(r_{e,i}\dot{\vartheta}_i\right)^2 \\
\qquad v_{e,\min}\leqslant v_{e,i}\leqslant v_{e,\max} \\
\qquad u_{e2\min}\leqslant u_{e2,i}\leqslant u_{e2\max} \\
\qquad \beta_{e,\min}\leqslant\beta_{e,i}\leqslant\beta_{e,\max}
\end{array}\right. \tag{6.45}
$$

在求解得到电子战无人机的欺骗干扰最优航迹之后，便可计算电子战无人机与小型干扰机的耦合状态 ϑ_i、φ_i、$\dot{\vartheta}$ 和 $\dot{\varphi}_i$，代入式 (6.45) 中便可进行噪声压制干扰最优航迹的求解。

6.3.5　梯度法求解步骤

本书在梯度法通用步骤的基础上设计出多机协同电子欺骗干扰最优航迹规划算法，该算法具体的步骤如下：

(1) 设定期望假目标航迹的控制量 $u_{P1}(t)$、$u_{P2}(t)$ 和 $u_{P3}(t)$，根据式 (6.9) 计算出期望的假目标航迹。

(2) 通过式 (6.26)~式 (6.29)，代入雷达位置 (x_O,y_O,z_O) 和假目标运动轨迹 $(x_P(t),y_P(t),z_P(t),\dot{x}_P(t),\dot{y}_P(t),\dot{z}_P(t))$ 计算出耦合状态 $\phi(t)$、$\theta(t)$、$\dot{\phi}(t)$ 和 $\dot{\theta}(t)$。

(3) 选取初始控制量 $U_{E2}^i(t)=u_{E2}^0$，置 $i=0$。

(4) 哈密尔顿函数为

$$
H=u_{E2}^2+\lambda_1 r\dot{\phi}\left[\cos^2\theta\cot(\alpha_E-\phi)+\tan\beta_E\frac{\cos\theta\sin\theta}{\sin(\alpha_E-\phi)}\right]+\lambda_2 u_{E2} \tag{6.46}
$$

将 $U^i(t)$ 代入状态方程 $\dot{X}=\dfrac{\partial H}{\partial \lambda}$[其展开形式为 (6.47)]

$$\begin{cases}\dot{r}=r\dot{\phi}\left[\cos^2\theta\cot(\alpha_E-\phi)+\tan\beta_E\dfrac{\cos\theta\sin\theta}{\sin(\alpha_E-\phi)}\right]\\ \dot{\alpha}_E=u_{E2}\\ \tan\beta_E=\dfrac{\cos\theta\sin\theta\cos(\alpha_E-\phi)\dot{\phi}+\sin(\alpha_E-\phi)\dot{\theta}}{\cos^2\theta\dot{\phi}}\end{cases} \tag{6.47}$$

将状态方程在初始条件 $X(t_0)=[r_0,\alpha_{E0}]^{\mathrm{T}}$ 下，从 t_0 到 t_{f} 对时间 t 进行积分，得到 $X^i(t)=\left[r^i,\alpha_E^i\right]^{\mathrm{T}}$。

(5) 按照下式计算性能指标 $J(U^i(t))$：

$$J(U^i(t))=\int_{t_0}^{t_{\mathrm{f}}}u_{E2,i}^2\mathrm{d}t \tag{6.48}$$

(6) 判断 $\left|\dfrac{J^i-J^{i-1}}{J^{i-1}}\right|\leqslant \mathrm{Err}$ 是否成立 (Err 表示精度误差，是一个很小的数，程序每迭代一次就判断一次 $\left|\dfrac{J^i-J^{i-1}}{J^{i-1}}\right|\leqslant \mathrm{Err}$ 是否成立。若成立，则表示性能指标 J^i 已经趋近于最优值了，可以接受，此时可以停止迭代了，精度误差就是用来表征迭代是否进行到了可以接受的程度)。若是，令 $\begin{cases}U^*(t)=U^i(t)\\ X^*(t)=X^i(t)\end{cases}$，转到 (12)。若否，转到 (7)。

(7) 将协态方程 $\dot{\lambda}=-\dfrac{\partial H}{\partial X}$[其展开形式为式 (6.49)]

$$\begin{cases}\dot{\lambda}_1=-\lambda_1\dot{\phi}\left[\cos^2\theta\cot(\alpha_E-\phi)+\tan\beta_E\dfrac{\cos\theta\sin\theta}{\sin(\alpha_E-\phi)}\right]\\ \dot{\lambda}_2=\dfrac{\lambda_1 r\dot{\theta}}{\sin^2(\alpha_E-\phi)}\end{cases} \tag{6.49}$$

在终端条件 $\lambda(t_{\mathrm{f}})=0$ 下，从 t_{f} 到 t_0 对时间 t 进行反向积分，得到 $\lambda^i(t)=\left[\lambda_1^i(t),\lambda_2^i(t)\right]^{\mathrm{T}}$。

(8) 计算梯度向量 $g^i=\left[\dfrac{\partial H}{\partial U(t)}\right]_i=\left[\dfrac{\partial H}{\partial U(t)}\right]_{\substack{U(t)=U^i(t)\\ X(t)=X^i(t)\\ \lambda(t)=\lambda^i(t)}}$，其展开形式为

$$g^i=\lambda_2^i+2u_{E2,i} \tag{6.50}$$

(9) 若 $g^i=0$，则 $\begin{cases}U^*(t)=U^i(t)\\ X^*(t)=X^i(t)\end{cases}$，转到 (12)；否则，转到 (10)。

(10) 进行一维搜索 (0.618 法)，求得 $\alpha_i > 0$，使得

$$J(U^i(t) - \alpha_i g^i) = \min_{\alpha>0} J(U^i(t) - \alpha g^i) \tag{6.51}$$

(11) 置 $i = i + 1$，令

$$U^{i+1}(t) = U^i(t) - \alpha_i g^i \tag{6.52}$$

返回到 (4) 继续进行迭代计算。

(12) 返回 (2)，代入其他雷达位置进行计算，直至完成威胁网内针对所有雷达的欺骗干扰航迹。

(13) 返回 (2)，将求解得到的欺骗干扰最优航迹代入，置换假目标航迹，直至完成所有的小型干扰机压制干扰最优航迹的求解，程序结束。

6.4　多机协同欺骗干扰联网威胁仿真实验

6.4.1　仿真参数设置

为了验证本书多机协同欺骗干扰算法的有效性，在 VC++ 6.0 的环境下建立多机协同干扰仿真环境。假定已知敌方威胁联网内的两部雷达位置分别为 (0，0，0) 和 (−25，10，0)(单位为 km)，由两架电子战无人机组成的多机编队执行协同欺骗干扰任务，同时，每架无人机配备有一架小型干扰机执行压制干扰任务。电子战无人机的相关仿真约束参数如表 6.1 所示。

表 6.1　仿真约束参数

参数	数值	参数	数值
最小速度 $v_{\min}/(\mathrm{m/s})$	100	最大速度 $v_{\max}/(\mathrm{m/s})$	300
最小方位角变化率 $u_{E2\min}/(°/\mathrm{s})$	−30	最大方位角变化率 $u_{E2\max}/(°/\mathrm{s})$	30
最小航迹倾角 $\beta_{\min}/(°)$	−30	最大航迹倾角 $\beta_{\max}/(°)$	30
距离最小约束 $\lambda_{\min}$	0.3	距离最大约束 $\lambda_{\max}$	0.8

6.4.2　单机欺骗单机压制仿真结果

设任务开始时间 t_0 为 0 时刻，任务终止时刻 t_{f} 为 30s，仿真时间步长为 0.1s，得到单架电子战无人机欺骗单部雷达、单架小型干扰机压制单部雷达的仿真结果如图 6.7 所示，由图中电子战无人机和假目标的飞行航迹可以看出，无人机在飞行过程中始终保持对被欺骗雷达的距离延迟欺骗，形成一条具有真实目标运动特性

的假目标航迹。同时，小型干扰机始终飞行在被压制雷达与电子战无人机的视线方向上，实施压制干扰，尽可能地掩护电子战无人机不被发现。电子战无人机的速度、航迹倾角和航迹偏角的变化曲线如图 6.8 所示，显然，电子战无人机的各个状态量的变化都在性能约束范围内，这说明了本书的算法是合理可行的。

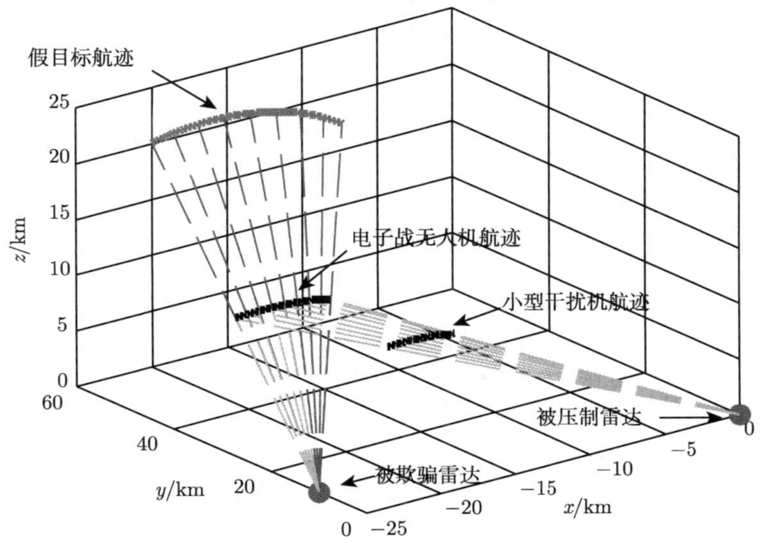

图 6.7 单机欺骗和单机压制

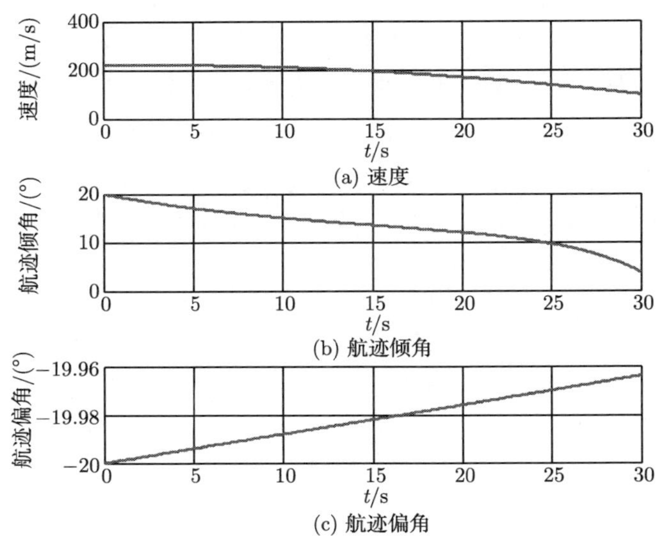

图 6.8 电子战无人机状态演化曲线

6.4.3　多机协同复合干扰仿真结果

现考虑两架小型干扰机配合两架电子战无人机协同对两部雷达执行复合干扰任务，其他条件不变，得到仿真结果如图 6.9 所示。

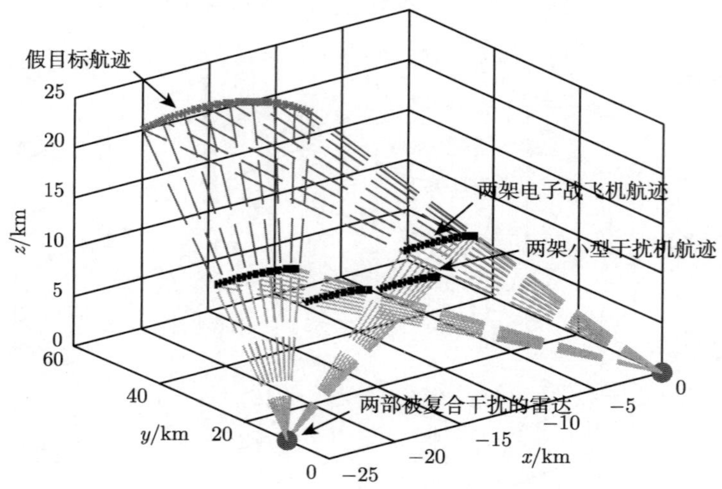

图 6.9　多机协同复合干扰多部雷达

由图 6.9 可以看出，两架电子战无人机分别对各自的被干扰雷达执行距离延迟欺骗，并且使得两部雷达发现的假目标保持重合，融合成一条具有真实目标运动特性的假目标航迹。同时，两架小型干扰机掩护各自的电子战无人机，对相应雷达实施压制干扰，使得电子战飞机不被发现，进而避免假目标被敌方识破。

两架无人机的速度、航迹倾角和航迹偏角的演化曲线分别如图 6.10～图 6.12 所示，显然每架无人机的状态都是符合其性能约束条件的。

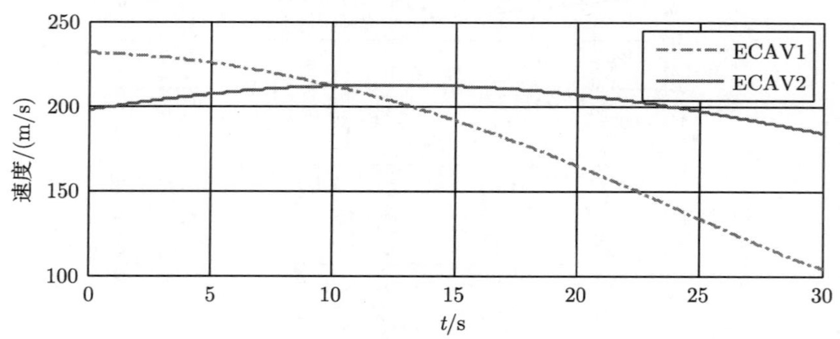

图 6.10　两架电子战无人机速度演化曲线

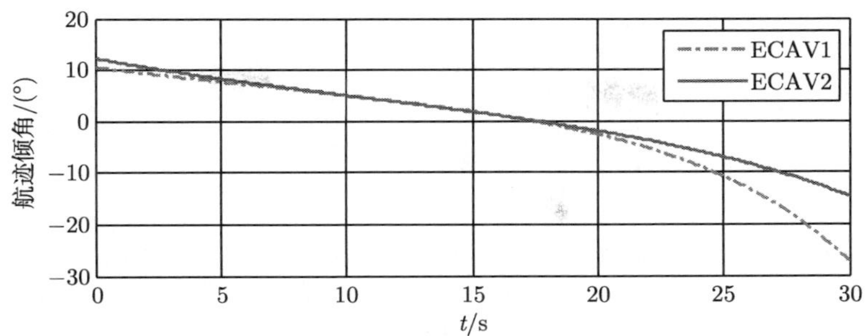

图 6.11 两架电子战无人机航迹倾角演化曲线

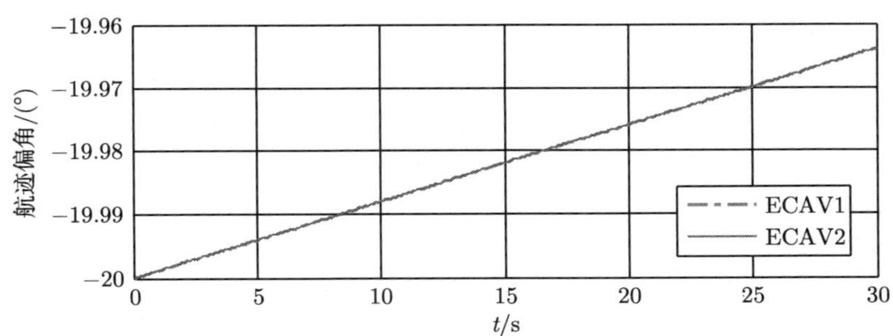

图 6.12 两架电子战无人机航迹偏角演化曲线

由以上仿真结果可知，本书的多机协同欺骗干扰任务规划方法是合理有效的，多机编队能够成功实施假目标欺骗干扰，并配合噪声压制干扰，能够扰乱其作战决策，实现对威胁网内雷达“防空压制”的战略目标。

6.5 本 章 小 结

本章主要研究了威胁联网下多机协同电子欺骗干扰问题。首先分析了假目标航迹欺骗的战术优势，以及实现航迹欺骗的技术要求。其次，分析了威胁联网对航迹欺骗的影响，针对传统方法的不足，设计了结合航迹欺骗和噪声压制的复合干扰方法，并分析了其中的技术原理。再次，建立了单机欺骗单部雷达的系统模型，分析了多机协同航迹欺骗的状态转换关系以及电子战无人机与假目标的耦合关系，建立了多机协同航迹欺骗最优控制模型，并进一步分析了小型干扰机实施噪声压制干扰时与电子战无人机的耦合关系，据此建立了压制干扰最优控制模型。最后，在梯度法的通用步骤基础上设计算法对该复合干扰问题进行了求解。

参考文献

[1] Secretaries of The Military Departments. Unmanned Systems Roadmap 2006-2032[EB]. http://www.fas.org/irp/program/collect/usroadmap2006.pdf,2006.

[2] 冯密荣, 毛泽孝, 刘志红. 世界无人机大全 [M]. 北京: 航空工业出版社, 2004.

[3] SZCZERBA R J. Threat Netting for Real-Time, Intelligent Route Planners[C]. Proceedings of the 1999 Information, Decision, and Control Symposium, 1999.

[4] 符小卫, 高晓光, 何建华. 威胁联网下的无人机路径规划 [J]. 飞行力学, 2003, 21(3): 67–70.

[5] 姜礼平, 姚毅, 邹明. 威胁联网下低空突防航路规划研究 [J]. 海军工程大学学报, 2008, 20(4): 51–55.

[6] 田阔, 符小卫, 高晓光. 威胁联网下无人机路径在线规划 [J]. 西北工业大学学报, 2011, 29(3): 367–373.

[7] JOHNSON CHRISTOPER L. Inverting the Control Ratio: Human Control of Large Autonomous Teams[C]. In Proceedings of the International Conference onAutonomous Agents and Multi-Agent Systems, 2003.

[8] MICHAEL OWENBY. Mixed Initiative Control of Automa-teams(MICA)-A ProgressReport[C]. In Proceedings of the AIAA 3rd“Unmanned Unlimited” TechnicalConference, 2004.

[9] LIU Y, GALATI D, SIMAAN M A. Game Theoretic Approach to Team Dynamics and Tactics in Mixed Initiative Control of Automa-teams[C]. In Proceedings of the 43rd IEEE Conference on Decision and Control, 2004.

[10] SI P, YU R, YANG R, et al. Dynamic Spectrum Management for Heterogeneous UAV Networks with Navigation Data Assistance[C]. In Proceedings of the 2015 IEEE Wireless Communications and Networking Conference, 2015.

[11] RAMOS F T. Recognizing, Representing and Mapping Natural Features inUnstructured Environments[D]. Sydney:The University of Sydney, 2007.

[12] DUSTIN J. NOWAK. Exploitation of Self Organizationin UAV Swarms for Optimization in Combat Environments[D]. Ohio: Air Force Institute of Technology, 2008.

[13] 苏菲. 动态环境下多 UCAV 分布式在线协同任务规划技术研究 [D]. 长沙: 国防科技大学博士学位论文, 2013.

[14] 张庆杰. 基于一致性理论的多 UAV 分布式协同控制与状态估计方法 [D]. 长沙: 国防科技大学博士学位论文, 2011.

[15] 唐传林, 黄长强, 杜海文, 等. 无人作战飞行器编队协同攻击轨迹规划研究 [J]. 兵工学报, 2014, 4, 35(4): 523–530.

[16] 高彬, 毛士艺, 孙进平. 基于 RGPO 的编队 ECAVs 协同航迹欺骗 [J]. 北京航空航天大学学报, 2011, 37(11): 1343–1346.

[17] 符小卫, 李金亮, 高晓光. 防空威胁联网建模与分析 [J]. 兵工学报, 2013, 34(7): 904–909.

[18] 丁伟锋, 王肖飞, 王子明. 对 “网络中心战” 面临的主要技术难题的思考 [J]. 科技信息, 2011, 31: 109.
[19] 车宏安, 顾基发. 无标度网络及其系统科学意义 [J]. 系统工程理论与实践, 2004, 4: 11–16.
[20] 娄寿春. 地空导弹射击指挥控制模型 [M]. 北京: 国防工业出版社, 2009.
[21] 阳曙光, 时剑, 李为民. 联合火力打击协同式指挥控制模式及其军事概念建模 [J]. 电光与控制, 2008, 15(2): 1–4.
[22] 陈光和, 李修和, 沈阳. 组网雷达作战能力分析与评估 [M]. 北京: 国防工业出版社, 2006.
[23] 丁建江. 防空雷达目标识别技术 [M]. 北京: 国防工业出版社, 2008.
[24] 汪日平. 雷达数据关联及融合算法研究 [D]. 无锡: 江南大学硕士学位论文, 2009.
[25] 陈立新. 防空导弹网络化体系效能评估 [M]. 北京: 国防工业出版社, 2007.
[26] 徐惠钢, 郭治. 网络火控系统及其构建 [J]. 南京理工大学学报, 2007, 31(2): 139–142.
[27] 陈晨, 陈杰, 张娟, 等. 网络化防空火控系统体系结构研究 [J]. 兵工学报, 2009, 30(9): 1253–1258.
[28] 龙正光, 商长安, 史向峰. 防空导弹网络制导指令标准化与优选 [J]. 飞航导弹, 2010, 4: 75–77.
[29] 师俊朋, 胡国平, 王金龙, 等. 雷达隐身技术分析及进展 [J]. 飞航导弹, 2014, 2: 81–84.
[30] 姜秋喜. 网络雷达对抗系统导论 [M]. 北京: 国防工业出版社, 2010.
[31] 张永顺, 童宁宁, 赵国庆. 雷达电子战原理 [M]. 北京: 国防工业出版社, 2006.
[32] LEVCHUK G M, YU F, PATTIPATI K R. From hierarchies to heterarchies: Application of network optimization to design of organizational structures[C]. Proceedings of the 8th Command and Control Research and Technology Symposium, 2003.
[33] 严蔚敏, 吴伟民. 数据结构 [M]. 北京: 清华大学出版社, 2007.
[34] 卢昱, 吴忠望, 王宇, 等. 网络控制论概论 [M]. 北京: 国防工业出版社, 2005.
[35] 唐应辉, 唐小我. 排队论基础与分析技术 [M]. 北京: 科学出版社, 2006.
[36] 刘忠, 杨杉, 修保新, 等. C2 组织鲁棒性信息交互结构设计及分析 [J]. 国防科技大学学报, 2010, 32(5): 110–117.
[37] 张明友, 汪学刚. 雷达系统 [M]. 北京: 电子工业出版社. 2011.
[38] 王旭, 宋笔锋, 郭晓辉. 飞行器被雷达发现概率的计算方法研究 [J]. 系统工程与实践, 2006, 35(6): 130–134.
[39] FREDERICK H. UCAV Path Planning in the Presence of Radar-Guided Surface-to-Air Missile Threats[D]. Ann Arbor: University of Michigan, 2005.
[40] 陈立新. 防空导弹网络化体系效能评估 [M]. 北京: 国防工业出版社, 2007.
[41] 陈光和, 李修和, 沈阳. 组网雷达作战能力分析与评估 [M]. 北京: 国防工业出版社, 2006.
[42] 曹雷, 董强, 彭伟, 等. 基于排队论的导弹防御系统的效能分析 [J]. 南京理工大学学报, 2011, 35(4): 470-474.
[43] 赵晨光, 李为民, 聂成, 等. 利用排队论探讨多层拦截巡航导弹的问题 [J]. 系统工程与电子技术, 2003, 25(2): 177–178.
[44] 孟玉珂. 排队论基础及应用 [M]. 上海: 同济大学出版社, 1989.
[45] 元颖铮. 雷达截面与隐身技术 [M]. 北京: 国防工业出版社, 1998.
[46] 邢孟道, 王彤, 李真. 雷达信号处理基础 [M]. 北京: 电子工业出版社, 2008.

[47] 胡志忠, 沈春林. 基于数字地图预处理的实时航迹规划 [J]. 南京航空航天大学学报, 2002, 34(4): 383–385.

[48] 巴海涛. 无人机航迹规划研究 [D]. 西安: 西北工业大学硕士学位论文, 2006.

[49] 胡志忠, 徐克虎, 沈春林. 低空突防用数字地图信息的融合处理 [J]. 南京航空航天大学学报, 2002, 34(4): 434–438.

[50] 杜明昊. 复杂战场环境下的威胁联网建模与仿真 [D]. 西安: 西北工业大学, 2013.

[51] 黄长强, 曹林平, 翁兴伟, 等, 无人作战飞机精确打击技术 [M]. 北京: 国防工业出版社, 2011.

[52] 张煜, 张万鹏, 陈璟, 等. 基于 Gauss 伪谱法的 UCAV 对地攻击武器投放轨迹规划 [J]. 航空学报, 2011, 32(7): 1240–1251.

[53] 周树道, 王俊, 王敏, 等. 基于气象威胁场的无人机三维航迹规划 [J]. 解放军理工大学学报, 2013, 14(3): 350–354.

[54] 曾岳, 严新平, 谭德荣. 加快启发式实时算法的收敛 [J]. 山东理工大学学报, 2003, 17(2): 9–11.

[55] SHANMUGAVEL M, TSOURDOSY A, WHITE B, et al. 3D Dubins sets based coordinated path planning for swarm of UAVs[C]. In Proceedings of AIAA Guidance, Navigation, and Control Conference and Exhibit, 2006.

[56] 李士波, 孙秀霞, 王栋, 等. 无人机动态环境实时航迹规划 [J]. 系统工程与电子技术, 2007, 29(3): 399–401.

[57] 李季, 孙秀霞. 基于改进 A-Star 算法的无人机航迹规划算法研究 [J]. 兵工学报, 2008, 29(7): 788–795.

[58] KROF R E. Real-time heuristic search[J]. Artificial-intelligence, 1990, 42(2-3): 189–211.

[59] 郭亚军, 鲁汉榕. 动态环境中的一种实时启发式搜索算法 [J]. 空军雷达学院学报, 2000, 14(4): 58–60.

[60] 曾岳. 改变值更新规则加快启发式实时算法的收敛 [J]. 计算机与现代化, 2006, 9(133): 110–113.

[61] 李季, 孙秀霞. 基于多步寻优搜索的无人机航迹规划算法 [J]. 系统工程与电子技术, 2009, 31(10): 2510–2515.

[62] SHARMA V, SAVCHENKO M, FRAZZOLI E. Time complexity of sensor-based vehicle routing[C]. Robotics: Science and Systems, 2005.

[63] ISHIDA T, KORF R E. Moving-target search: a real-time search for changing goals[J]. IEEE Transactions on Pattern Analysis and Machine Intelligence, 1995, 17(6): 609–619.

[64] ISHIDA T. Real-time bidirectional search: coordinated problem solving in unceration situations[J]. IEEE Transactions on Pattern Analysis and Machine Intelligence, 1996, 18(6): 617–628.

[65] Legras F. A robust cooperation architecture for teams of UCAVs[C]. In Proceedings of the 1st International Joint Conference on Autonomous Agents and Multi-Agent Systems, 2002.

[66] SOUSA J B, VARAIYA P, IMEK T. Distributed control of teams of unmanned air vehicles[C]. In Proceedings of the 15th International Symposium of Mathematical Theory of Networks and Systems, 2004.

[67] 李春华, 郑昌文, 周成平, 等. 一种三维航迹快速搜索方法 [J]. 宇航学报, 2002, 23(3): 13–17.

[68] REN W, BEARD R W. 多航行体协同控制中的分布式一致性: 理论与应用 [M]. 北京: 电子工业出版社, 2014.

[69] REN W, BEARD R W. Consensus Seeking in Multiagent systems under dynamically changing interaction typologies[J]. IEEE Transactions on Automatic Control, 2005, 50(5): 655–661.

[70] OLFATI-SABER R, MURRAY R M. Consensus Problems in networks of agents with switching topology and time-delays[J]. IEEE Transactions on Automatic Control, 2004, 49(9): 1520–1533.

[71] 袁利平, 陈宗基, 周锐, 等. 多无人机同时到达的分散化控制方法 [J]. 航空学报, 2010, 31(4): 797–805.

[72] XIAO L, BOYD S, KIM S J. Distributed average consensus with least-mean-square deviation[J]. Journal of Parallel and Distributed Computing, 2007, 67(1): 33–46.

[73] KOKIOPOULOU E, FROSSARD P. Polynomial filtering for fast convergence in distributed consensus[J]. IEEE Transactions on Signal Processing, 2009, 57(1): 342–354.

[74] AYSAL T C, ORESHKIN B N, COATES M J. Accelerated distributed average consensus via localized node state prediction[J]. IEEE Transactions on Signal Processing, 2009, 57(4): 1563–1576.

[75] ORESHKIN B N, COATES M J, RABBAT M G. Optimization and analysis of distributed averaging with short node memory[J]. IEEE Transactions on Signal Processing, 2010, 58(5): 2850–2865.

[76] 冯新磊. 符号矩阵和多智能体系统一致性研究 [D]. 成都: 电子科技大学博士学位论文, 2011.

[77] 席裕庚, 黄维, 李晓丽. 具有状态观测器的多智能体系统一致性研究 [J]. 控制与决策, 2010, 25(5): 769–772.

[78] 吴玉清. 针对组网雷达的电子干扰技术研究 [D]. 成都: 电子科技大学硕士学位论文, 2013.

[79] 马亚涛. 对雷达网的欺骗干扰技术研究 [D]. 西安: 西安电子科技大学硕士学位论文, 2013.

[80] 丁鹭飞, 耿富录. 雷达原理 [M]. 西安: 西安电子科技大学出版社, 2004.

[81] 王俊, 孙进军, 洪文. 机载和星载雷达系统导论 [M]. 北京: 电子工业出版社, 2011.

[82] 范振宇, 王磊, 苏建春. 多机协同控制下的航迹欺骗技术 [J]. 信息与电子工程, 2010, 8(3): 265–268.

[83] 李飞, 周中良, 苟新禹. 基于多机协同航迹欺骗的组网雷达突防技术 [J]. 系统工程与电子技术, 2013, 35(11): 2309–2313.

附录　威胁模型

在本书中，威胁联网中的威胁主要指的是雷达和地空导弹火力单元，在研究过程中，采用如下的雷达模型和地空导弹火力单元模型。

目前，雷达仍然是远距离探测、定位、识别和跟踪目标最重要的一类传感器。雷达自身发射电磁波，并对目标回波进行分析从而得到有关目标的信息。典型的雷达由天线、发射机、接收机、信号处理器和显示器组成。

1. 雷达模型

1) 雷达方程

雷达方程是描述雷达特性的最基本数学方程。在雷达方程的完整形式中，考虑了雷达系统参量、目标参量、背景杂波以及各种因素对雷达作用距离的影响，雷达方程对目标探测问题的分析十分必要。常见的雷达方程如下式:

$$P_{\mathrm{R}}=\frac{P_{\mathrm{T}}G_{\mathrm{T}}G_{\mathrm{R}}\lambda^2\sigma F_{\mathrm{T}}^2F_{\mathrm{R}}^2}{(4\pi)^3R_{\mathrm{T}}^2R_{\mathrm{R}}^2C_{\mathrm{B}}L_{\mathrm{T}}L_{\mathrm{R}}} \tag{1}$$

式中，P_{R} 为雷达接收机收到的回波信号功率；P_{T} 为雷达发射机输出功率；G_{T}、G_{R} 分别为发射天线增益和接收天线增益；λ 为雷达的工作波长；σ 为目标的雷达散射截面 (RCS)；F_{T}、F_{R} 分别为发射方向图传播因子和接收方向图传播因子；R_{T} 为发射机到目标的距离；R_{R} 为接收机到目标的距离；C_{B} 为滤波器与信号波形匹配程度系数；L_{T}、L_{R} 分别为发射损耗因子和接收损耗因子。本式中未考虑大气衰减问题。

对于收发天线合置的单基地雷达来说，$G_{\mathrm{T}}=G_{\mathrm{R}}=G$，$R_{\mathrm{T}}=R_{\mathrm{R}}=R$，$F_{\mathrm{T}}=F_{\mathrm{R}}=F$，$L_{\mathrm{T}}=L_{\mathrm{R}}=L$，因此上式可简化为

$$P_{\mathrm{R}}=\frac{P_{\mathrm{T}}G^2\lambda^2\sigma F^4}{(4\pi)^3R^4C_{\mathrm{B}}L^2} \tag{2}$$

实际上，影响雷达性能的并不是目标的回波信号功率大小，而是目标信噪比。从目标返回的信号除了雷达最感兴趣的目标二次反射外，不可避免地会混杂各类杂波信号。目标信号和杂波信号同时进入雷达接收机，接收机将有用的信号分离出

来，这一过程称为滤波。在接收机的输出端信噪比达到最大值，接收机输入端与输出端之间信噪比的比值称为噪声系数，一般用 F_{n} 表示，输入端的噪声功率可表示为

$$P_{\mathrm{NOISE}} = kTB \tag{3}$$

式中，k 为玻尔兹曼常量，取为 $1.38\times10^{-23}\mathrm{J/K}$；$T$ 为以热力学温度表示的接收机噪声温度，一般取为 290K；B 为雷达接收机带宽。

下面以单基地雷达、无大气衰减情况为例，导出目标最小可检测信噪比与雷达最大探测距离的关系。假设某雷达在给定虚警概率和检测概率的情况下，对参考 RCS 为 σ_{e} 的目标的最大探测距离为 R_{m}，则根据式 (2) 和式 (3) 以及噪声系数的定义，可得

$$R_{\mathrm{m}}^4 = \frac{P_T G^2 \lambda^2 \sigma_{\mathrm{e}} F^4}{(4\pi)^3 C_{\mathrm{B}} LkTBF_{\mathrm{n}} D_{\min}} \tag{4}$$

式中，$D_{\min}$ 即为雷达的最小检测信噪比。假设式 (4) 中除了目标 RCS 与距离参数外其他参数均不变，即假设目标始终处于雷达天线方向图主瓣方向 (这也是最常用的仿真简化手段)。因此可得出结论，雷达探测距离的四次方与目标 RCS 成正比，即 $R^4 \propto \sigma$。

例如，一部某型号陆基警戒雷达对参考 RCS 为 $1\mathrm{m}^2$ 的典型目标的最大探测距离为 400km，根据式 (4)，其最大探测距离与 RCS 的关系如附图 1 所示。

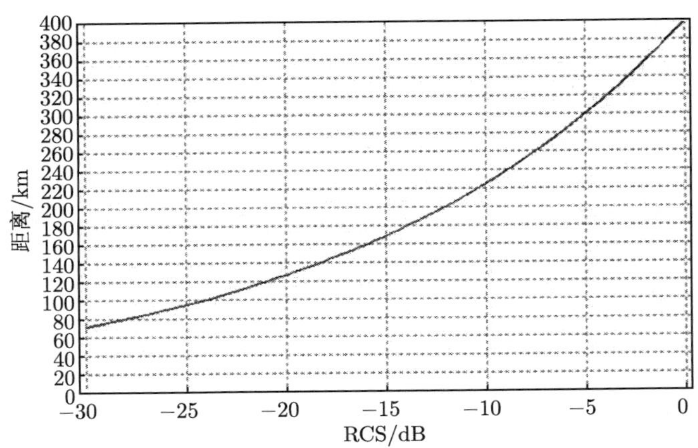

附图 1　雷达探测距离与 RCS 的关系

现阶段的无人机比有人作战无人机的 RCS 可以减少 10～20dB，探测作用距离的大幅缩减使雷达无法提前预警，防空系统也没有足够的拦截和摧毁时间，甚至会

因为探测距离的减小导致防空漏洞出现，如附图 2 所示。

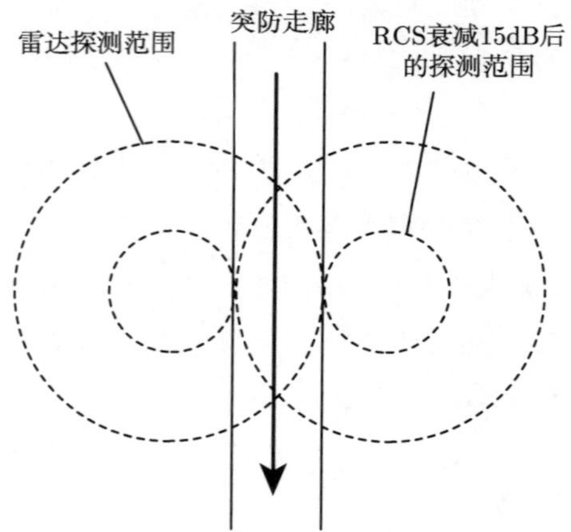

附图 2　RCS 衰减造成的防空漏洞

2) 雷达探测概率

雷达探测概率表示雷达在某段时间内能够连续获得目标信息的可能性，不仅与探测目标的 RCS 和距离有关，也受到雷达本身性能的制约。由前面可知，对于给定的雷达系统，当其虚警概率和检测概率确定时，目标探测概率仅与目标距离和 RCS 有关。

雷达一次扫描判定目标存在的概率称为瞬时探测概率，其计算模型如下：

$$P_t = 1/[1 + (c_2 R^4/\sigma)^{c_1}] \tag{5}$$

式中，R 为无人机距雷达中心的距离；σ 为探测目标的 RCS 值。c_1 和 c_2 由雷达类型确定，和雷达的功率、信息处理能力及操作设定有关。

3) 雷达散射截面

雷达散射截面是基于平面波照射下目标各向同性散射的概念，它是物体 (通常称作目标或散射体) 的一个假象面积。RCS 是目标的最重要雷达特性，对于收发天线位于同一处的雷达 (单基地雷达) 来说，RCS 是目标在和入射波方向相反的方向上散射能量的能力的一个定量特性。

根据一般定义，目标的 RCS 等于各向同性地散射整个入射能量且在远距离接收点上产生和目标相同的功率通量密度的一个象征目标的表面面积。目标的 RCS

可以用电场强度 (它和信号幅度的瞬时值成线性关系) 表示为

$$\sigma = \lim_{R\to\infty} 4\pi R^2(|E_{\rm r}|^2/|E_{\rm in}|^2) \approx 4\pi R^2(|E_{\rm r}|^2/|E_{\rm in}|^2) \tag{6}$$

式中，σ 为雷达发射截面积；R 为雷达与目标间的距离；$E_{\rm r}$ 为接收天线优选极化的电场强度；$E_{\rm in}$ 为入射平面波的电场强度。当距离 R 远大于目标尺寸时，式中近似等号 "≈" 可用等号 "=" 代替。

目标的实际尺寸大小与 RCS 之间有一定的联系，但并不成线性关系。例如，隐身飞机使用雷达波吸收材料和外形调整分散散射等方法可以有效降低自身 RCS 值。隐身飞机和非隐身飞机的 RCS 值差别很大。部分典型隐身飞机和非隐身飞机的 RCS 值如附表 1 所示。

附表 1　典型飞机 RCS 值

隐身目标	RCS/m^2	非隐身目标	RCS/m^2
F-16S	0.2～0.5	F-16	3
B-1B	1	B-52	100
F-117A	0.02	AGM-86B	1
ATF	0.05	—	—
B-2	0.1	—	—
AGM-129A	0.02	—	—

在实际应用中，由于目标的 RCS 变化范围很大，大到上万平方米，小到几平方厘米，表述不变，因此常用对数形式表示，转化关系如下：

$$\text{RCS(dB)} = 10\lg\left(\frac{\text{RCSm}^2}{1.0\text{m}^2}\right) \tag{7}$$

不考虑材料对雷达波的影响，无人机的 RCS 与相对于雷达的水平偏角与俯仰偏角有关，RCS 计算专家经验公式为

$$\begin{cases} \sigma = \dfrac{f(\phi,\theta)-f(0,0)}{f(0,0)} - 1.14 \\ f(\phi,\theta) = \sqrt{|\sin\phi| + |\sin\theta| + 0.1} \end{cases}$$
$$\begin{cases} r = \sqrt{x^2+y^2+z^2} \\ \phi = \arctan\dfrac{z}{x} \\ \theta = \arccos\dfrac{y}{r} \end{cases} \tag{8}$$

式中，θ、ϕ 分别为无人机相对于雷达的水平偏角与俯仰偏角；r 为雷达与无人机的斜距；x、y、z 分别为以雷达为坐标原点的北天东坐标系下无人机的位置坐标分量。

4) 双基地雷达

单基地雷达探测精度高，技术实现简单，效率高而且成本低，被广泛应用于军事领域。但随着隐形无人机、反辐射导弹、低空突防和电子干扰技术的发展，单基地雷达越来越难面对日益复杂的战术环境，海湾战争以来的几场局部战争充分表现了现代电子战系统对传统单基地雷达发出的严峻挑战，单基地雷达处于明显劣势地位。这种情况的出现，使双基地雷达系统迅速发展。

双基地雷达系统由布置在战场后方的发射/接收站 (T/R 站) 和布置在战场前沿的被动接收站 (R 站) 组成 (附图 3)。由于接收站不发射雷达波，因此难以被敌方发现并干扰。两个站都具有接收功能，利用两个站的观测数据定位可提高精度。即使敌方对 T/R 站施加干扰，T/R 站仍可作为 R 站的照射源协助 R 站工作。若 T/R 站被摧毁，则 R 站可以选择其他非合作式的照射源。例如空基平台预警机上的大功率照射雷达用于协助观测，这极大提高了作战能力。双基地雷达可以看作是一种简单的雷达组网模型，也可以在威胁联网体系中看作一个联合威胁单元。

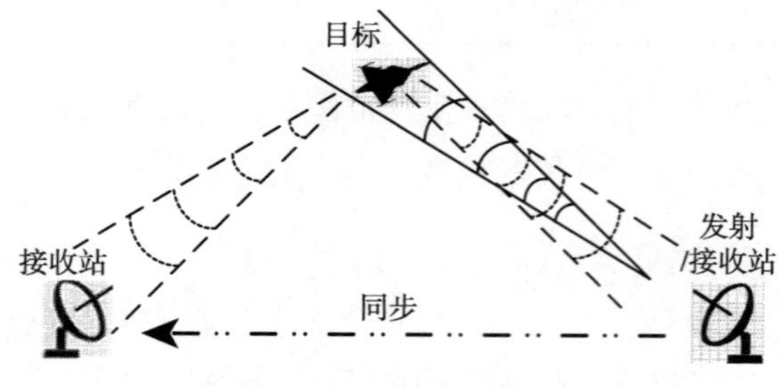

附图 3　双基地雷达系统

与单基地雷达散射截面 σ_{m} 一样，目标的双基地雷达散射截面 σ_{b} 是目标在接收机方向上所散射能量的度量。由于 σ_{b} 是姿态角和双基角 β 的函数，因此在光学区域内双基 RCS 比单基 RCS 要复杂得多。

如附图 4 所示，β、θ_{T}、θ_{R} 分别表示双基角以及发射站和接收站对目标的视线角，L、D_{T}、D_{R} 分别表示双基地雷达基线距离、发射站距目标的距离、接收站距目标的距离。通过 β、D_{T}、D_{R} 计算与目标相关的参数是简便可行的。

在光学区域中，可以将双基 RCS 区域分为三个，即伪单基区、双基区和前向散射区。每个区域都由双基角界定，其范围主要由目标的物理特性 (如投影面积和阴影周长等) 决定。这是比较精确的分析方法，但仿真极难实现。因为目标的姿态角通常是未知的，且在一定的极限范围内随机变化，所以本书考虑根据接收散射性质的不同，将双基 RCS 区域分为两个：后向散射区和前向散射区。

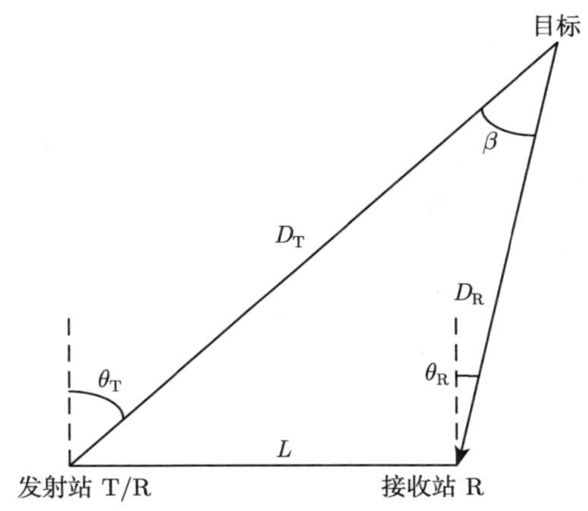

附图 4 双基角示意图

(1) 后向散射区。

对于无人机来说，其后向散射主要来自于两片机翼，可近似为两个圆柱体。因此 Crispin 和 Siegal 提出的单–双基等效定理可用于后向散射区：对于非常短的波长，充分光滑的理想导体目标的双基 RCS 等于在双基角平分线上测得的单基 RCS。充分光滑的理想导体目标包括球体、椭圆柱、圆锥和卵形体。

可使用式 (8) 计算这个等效的单基 RCS，此时的单基 RCS 等效为一部固定于双基角平分线与双基地基线交点上的单基地雷达的观测结果。

(2) 前向散射区。

当双基地角接近 180° 时出现前向散射现象，刚刚通过任何不透明物体的波前，包含物体的一个洞或阴影，这里场强为零。需要特别指出的是，这个阴影场的大小并不取决于目标的表面特征，而完全由入射波方向上的物体阴影面积确定。目标的阴影面积不能通过利用表面涂覆和物体成形减小，这两种常用的隐身手段只能有效减小单基地 RCS。这个前向散射波瓣的峰值 RCS 为

$$\sigma_{\mathrm{f}} = \frac{4\pi A^2}{\lambda^2} \tag{9}$$

式中，A 为入射波方向上物体的投影面积；λ 为发射雷达波长。理论上，双基雷达可观测到双基角 135° ~180° 的前向散射。但实际情况下，只有在双基角接近 180° 时，前向散射 RCS 才会发生急剧变化，角度略小时相比于后向散射区变化并不明显。

对于形状复杂的目标，一个前向散射区域内双基 RCS 对于单基 RCS 有经验公式：

$$\sigma_{\mathrm{b}} = \sigma_{\mathrm{m}}\left\{1 + \exp\left[n\left|\beta\right| - (2.4n + 1)\right]\right\} \tag{10}$$

式中，σ_{b} 为双基 RCS；σ_{m} 表示若在接收站同地理位置处放置单基地雷达探测同目标的 RCS；n 为经验参数，根据飞机和雷达类型确定，一般取 7~10；β 为双基角。

2. 地空导弹火力单元模型

地空导弹火力单元主要由制导雷达与地空导弹发射架组成，主要功能为探测识别来袭目标并实施打击。

1) 制导雷达

制导雷达的主要功能为定位跟踪目标，并引导地空导弹实施攻击。

制导雷达对无人机的探测概率可用下式表示：

$$\begin{cases} P_{\mathrm{d}} = \exp\left(\dfrac{S\ln P_1 \ln P_2}{\ln(P_2/P_1) + S\ln P_1}\right) \\ S = \dfrac{\sigma_{\mathrm{e}}}{\sigma}(R/R_{\mathrm{m}})^4 \\ R = \sqrt{(x_1 - x_2)^2 + (y_1 - y_2)^2 + (z_1 - z_2)^2} \end{cases} \tag{11}$$

式中，P_1、P_2 分别表示雷达在最大探测距离处的检测概率和虚警概率；根据雷达不同其取值不同，x_1、y_1、z_1、x_2、y_2、z_2 分别为雷达与探测目标在坐标系下的位置坐标分量；R_{m} 为雷达在参考 RCS (σ_{e}) 下的最大探测距离，σ 为目标在探测时刻的实时 RCS。

制导雷达的工作流程如附图 5 所示。

2) 地空导弹发射架

地空导弹发射架主要功能为根据制导雷达信息完成发射准备并最终实施打击，地空导弹的发射需要满足一定的条件：

(1) 目标必须可以被制导雷达连续跟踪；

(2) 目标必须位于地空导弹的发射区内, 即满足:

$$\begin{cases} P \leqslant P_{\max} \\ H_{\min} \leqslant H \leqslant H_{\max} \\ V \leqslant V_{\max} \end{cases} \tag{12}$$

式中，P、H、V 分别为目标 i 对发射架的航路捷径、高度和速度；$P_{\max}$ 为可攻击目标的最大航路捷径；$H_{\max}$、$H_{\min}$ 分别为可攻击目标的最大和最小高度；$V_{\max}$ 为可攻击目标的最大速度。

当目标满足发射条件时可以实施打击，对于地空导弹的导引控制部分由于与本书研究内容关系不大，因此作简化处理，认为只要满足发射条件即可击毁目标。

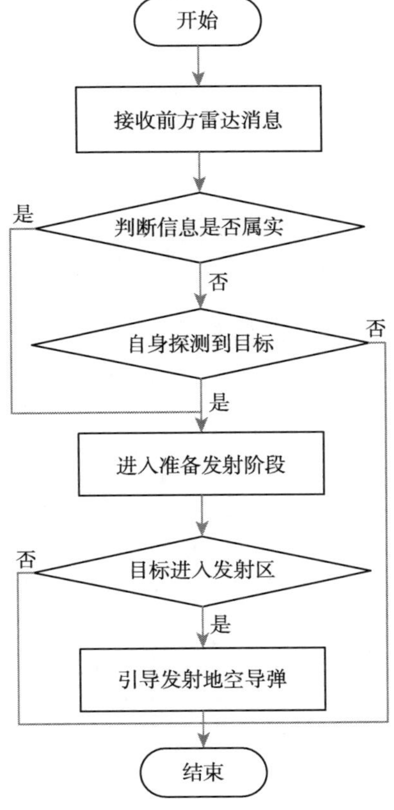

附图 5 制导雷达工作过程